La fiesta prometida

La fiesta prometida

Jennifer Clement

Traducción de Guillermo Arreola

Lumen

narrativa

El papel utilizado para la impresión de este libro ha sido fabricado a partir de madera procedente de bosques y plantaciones gestionadas con los más altos estándares ambientales, garantizando una explotación de los recursos sostenible con el medio ambiente y beneficiosa para las personas.

La fiesta prometida

Título original: *The Promised Party*

Primera edición: julio, 2024

D. R. © 2024, Jennifer Clement

First published in Great Britain in 2024
by Canongate Books Ltd, 14 High Street, Edinburgh EH1 1TE

D. R. © 2024, derechos de edición mundiales en lengua castellana:
Penguin Random House Grupo Editorial, S. A. de C. V.
Blvd. Miguel de Cervantes Saavedra núm. 301, 1er piso,
colonia Granada, alcaldía Miguel Hidalgo, C. P. 11520,
Ciudad de México

penguinlibros.com

D. R. © 2024, Guillermo Sánchez Arreola, por la traducción

ISBN: 978-607-384-713-1

Impreso en México – *Printed in Mexico*

ÍNDICE

Ciudad de Nueva York

PRELUDIO

Yo era extraña para mí misma. Maldormía. Caminaba entre gotas de lluvia. El campo entraba por la ventana abierta. De niña en la Ciudad de México, soñaba con una valija repleta de dulces. Traía las manos remetidas en los bolsillos, por lo que nunca me agarré a la mano de nadie para cruzar una calle.

En 1978, a la edad de dieciocho años, dejé México y me fui a la ciudad de Nueva York, donde parecía como si todos hubieran cruzado una puerta de salida o hubieran sido puestos de patitas en la calle. A algunos nos relegaban. Nunca pronunciábamos las palabras «volver» o «regresar» y no andábamos perdidos. Éramos una especie de tránsfugas. Aunque llegáramos de México, Ohio, Canadá, Michigan, Túnez o Cuba, sentíamos que habíamos nacido del metro y de los rascacielos. La isla de Manhattan formaba parte de nuestro pasaporte.

«¿Cómo has venido a parar aquí?», nos preguntábamos unos a otros.

Estas eran algunas de las respuestas:

«Ahí está la puerta. Está ahí, mirándote todo el santo día».

«No vuelvas a casa aunque tengas frío».

«Fue como la música de un carrusel que repica, repica, repica».

Y, al comienzo de aquellos desbocados días en la ciudad de Nueva York y de amor con corazón abierto, cuando nadie sabía que se avecinaba el SIDA, yo podía besar a alguien que no conocía. Podía amar a un extraño.

La llamaba «Minnie Mouse». Cuando la conocí, Suzanne llevaba un vestido de lunares blancos y negros, y sus grandes ojos marrón verdoso la hacían parecerse al personaje de dibujos animados. Dentro de su cardado y erguido peinado en forma de colmena, sostenido con docenas de horquillas, escondía sus pequeñas bolsas de drogas.

Suzanne dejó su casa en Ontario, Canadá, y compró un boleto de ida a la ciudad de Nueva York. Recalcó «boleto de ida», como si «boleto de ida» fuera un destino, un lugar en un mapa.

Suzanne y yo íbamos a bailar o a ver bandas en el Mudd Club del Downtown. Nos vestíamos con ropa negra, medias negras y guantes de encaje negro. Eran nuestros atuendos nocturnos de «ven aquí, rétame».

Más tarde, después de salir de las discotecas, Suzanne y yo cogíamos un taxi hasta los muelles y pescaderías de Fulton en South Street Seaport. En tacones altos paseábamos y mirábamos las barricas y las enormes cubetas llenas de relucientes pescados, cangrejos y calamares. Llegamos a conocer a muchos de los pescadores. Eran gentiles y algunos bromeaban y nos pedían que nos casáramos con ellos.

Poco después de huir de casa en 1980, Suzanne conoció a Jean-Michel Basquiat, que habitaba una banca de piedra en Washington Square Park con una manta de lana azul. Él siempre la apodó «Venus». Jean-Michel se mudó de la banca al pequeño apartamento de Suzanne en la 1st Street y la Avenue A, donde pintó algunas de sus primeras obras.

Cuando Jean-Michel no volvía a casa por la noche e incluso desaparecía por días, Suzanne pasaba la mayor parte del tiempo buscándolo. Yo la acompañaba, una sombra de amor, a salto de mata de un club a otro. Al encontrar a Jean-Michel en Mr Chow o en Kiev comiendo una gran tortilla de papa con puré de manzana, siempre se alegraba de vernos. Suzanne se sentaba en su regazo y Jean-Michel la alimentaba como a una niña. Alzaba una cuchara y le decía que abriera la boca. Di: «Ahhh».

Un año después o poco más, cuando Jean-Michel desalojó el apartamento de Suzanne, el piso de madera estaba completamente recubierto con una gruesa capa de sus chorreados, manchas, aerosoles y salpicaduras de pintura. Había barras de aceite endurecidas y crayones derretidos incrustados en la agrietada duela y profundamente en las vetas de la madera.

Cuando Jean-Michel se fue, Suzanne decidió pintar. Tiró casi todo lo que había en su pequeño apartamento ganando espacio para sus materiales de arte y lienzos; solo conservó su cama y la mesa de la cocina con dos sillas. Colocamos libros, alguna ropa y una tostadora vieja en el contenedor de basura de la calle, así como cuatro pares de zapatos viejos de Jean-Michel. Guardé el libro de gran tamaño de Suzanne, el de tapa dura, sobre quiromancia. También tiramos a la basura decenas de grandes dibujos en papel enrollados de Jean-Michel.

Inclusive, antes de esos días de limpieza de la casa, en un ataque de rabia hacia Jean-Michel, en una ocasión Suzanne arrojó algunos de sus bocetos, todos manchados por las pintarrajeadas pisadas de él, por la ventana de la cocina al techo de la casa de al lado. Aquella tarde hubo un fuerte vendaval en la ciudad de Nueva York y vi las grandes hojas de papel para dibujar de Jean-Michel volar como alas destrozadas.

Suzanne y yo íbamos a pie hasta Pearl Paint, la tienda de materiales de arte en Canal Street pintada de color camión de bomberos, donde ella compraba sus lienzos, barras de óleo y pinturas acrílicas.

Comprábamos todo en Pearl Paint ya que, para nuestra comodidad, había un narcomenudista habitual merodeando afuera de la tienda o sentado en los escalones. Era alto y pálido y vendía cocaína en pequeños sobres transparentes. A mí me decía «Bebecita» y a Suzanne, «Bebezota», pues ella siempre vestía anchos overoles de mezclilla de hombre, que habían pertenecido a Jean-Michel, todavía cubiertos de su pintura. Se ceñía el overol a la cintura con un cinturón de cuero café. Ese era su atuendo para pintar.

La tienda era un escenario en sí misma. Tenía cinco pisos, escaleras empinadas, y siempre nos topábamos con alguien. Una vez, al estar en la fila de la caja detrás del artista Vito Acconci, lo vimos comprar bolsitas de lentejuelas color verde lima para pegárselas en el cuerpo. No dejaba de preguntarle al cajero: «¿Estás seguro de que este pegamento se quitará con la ducha?». El cajero no lo sabía.

Julian Schnabel andaba por allí un día y Suzanne me agarró de la muñeca cuando lo vimos entrar por la puerta principal. Subimos corriendo dos tramos de escaleras y nos escondimos detrás de unos estantes llenos de pinceles. Agachándose, Suzanne dijo: «Estate quieta. No debe saber que estoy pintando». Suzanne no quería que nadie se enterara. Era nuestro secreto.

Pasábamos juntas muchas noches a la semana en el apartamento de la 1st Street, casi siempre después de nuestras jornadas como meseras o después de ir de juerga. Bebíamos jugo de manzana de su refrigerador cubierto con pinceladas, palabras, símbolos y garabatos de Basquiat. En el pequeño espacio de su apartamento había un refrigerador-armario. Dentro había una lata de café Maxwell House, un plato con más de veinte finas pulseras de goma negra y un pequeño fajo de papeles con borradores de mis poemas junto a un par de latas de la bebida Tab y un montón de facturas de luz eléctrica pagadas de Con Edison. La bandeja de plástico para los huevos contenía aretes y huevos.

Un par de botines de cuero con cordones de Jean-Michel yacía debajo de la pequeña mesa blanca de la cocina con algunos calcetines rojos sirviéndoles todavía de relleno. También había dejado dos libros de Lee J. Ames de cómo dibujar. Uno era *Dibuja 50 caras famosas* y el otro era *Dibuja 50 dibujos animados famosos*, con el Oso Yogui, Pedro Picapiedra y el Gato Félix en sus páginas.

Mientras Suzanne pintaba, yo me sentaba a la mesa de la cocina con un cuaderno y un lápiz. Escribía a mano docenas de historias inventadas para venderlas a revistas de confesiones reales para mujeres. Escribí: «Lo que realmente sucede a puerta cerrada: una criada de Las Vegas cuenta todos sus secretos», «Encontré el amor en los brazos de una joven estrella de rock», «La chica que podía ver el mañana», «Gemela frustrada admite: Mi hermana intentó robarme al hombre que amo» y «No tardé en enamorarme de mi jardinero». Luego, durante los días de vuelta a mi propio apartamento, en el número 13 de St. Mark's Place, escribía las historias en mi máquina de escribir eléctrica Olivetti. Tardé solo once días en escribir mis dos novelas románticas, *The Labyrinth of Love* y *Desire Among the Statues* (El laberinto del amor y El deseo entre las estatuas), que vendí por 500 dólares cada una. Solía hacer listas de lugares comunes que los editores querían en estas historias y romances para que la escritura avanzara rápidamente.

Lista 1: colores para labios
Blancanieves Manzana Roja
Atardecer Rojo
Rojo Vino Tinto

Piruleta Roja
Cereza
Rojo Candente

Lista 2: *esquemas de la trama*
Te odio
Te amo
Te odio
Te amo

Lista 3: *cómo crear tensión apasionada*
No
Sí
No
Sí
Sí
Sí

Mientras yo escribía poemas o estas historias y novelas por dinero en efectivo, Suzanne pintaba a George Washington como un hombre negro en un billete de un dólar a semejanza de la pintura verde y amarilla sin título de Jean-Michel de diez dólares con un retrato de Hamilton. Suzanne también pintaba caricaturas de Dagwood y Blondie como negros, así como grandes retratos de Malcolm X y Muhammad Ali.

Cuando Jean-Michel y Suzanne vivieron juntos, él le enseñó sobre el vudú. Como su padre era haitiano, se sentía conectado con las ideas espirituales ancestrales, pero para él era al mismo tiempo una broma y no era una broma. En el cuadro *The Guilt of Gold Teeth (La culpa de los dientes de oro)*, Jean-Michel había retratado al barón Samedi, el jefe de la familia Gede de Iwa en el vudú haitiano, que acogía a las personas en la muerte y en la resurrección, con sombrero de copa y abrigo largo.

Suzanne había presenciado a Jean-Michel practicar hechizos vudú en el Museo de Arte Moderno rociando agua debajo de obras de Picasso, Van Gogh y Matisse. En sus cuadros Jean-Michel escribía «GOLD» («ORO») o «NOT FOR SALE» («NO SE VENDE»), que eran hechizos vudú, como lo fueron sus obras sobre dinero.

Cuando la relación de Suzanne con Jean-Michel terminó, la pintura se convirtió para ella en una forma de estar cerca de él y la obra de él se espejeaba en la de ella y en sus temas. La pintura era la magia vudú para Suzanne, un modo de hechizar a Jean-Michel para que volviera. Hasta su obra *In Memory of Joan (En memoria de Joan)* era un hechizo de vudú. En su enorme pintura de Joan Burroughs, esta aparece con una gran manzana roja en la cabeza y se lleva una mano a la cara mientras ve a su marido y a la pistola con la que él le apunta y ella le devuelve la mirada a través del marco que forma con dos de sus dedos.

Jean-Michel presentó a Suzanne con William Burroughs y asistían a sus lecturas. En México, donde yo crecí, Burroughs era una leyenda. Había matado a su esposa, Joan Vollmer, en el bar Bounty de la colonia Roma de la Ciudad de México, mientras jugaban a Guillermo Tell.

En México se supo que el 6 de septiembre de 1951 Burroughs estaba tan ebrio que había colocado un vaso de vidrio en la cabeza de Joan y decidió mostrar su puntería. Se sabía que Burroughs solo bebía ginebra Oso Negro, de la que traía unos ositos de plástico atados a la botella.

Unos testigos que se hallaban en el bar confirmaron a la policía que Burroughs dijo: «Es hora de un acto a lo Guillermo Tell».

Su calibre .38 falló.

Posteriormente él dijo que su pistola disparó hacia abajo.

Mientras yo escribía en mis cuadernos y Suzanne trabajaba en sus pinturas leíamos los libros de Burroughs. De vez en cuando nos deteníamos y platicábamos sobre muchas cosas, pero nos centrábamos en las ideas éticas de Burroughs, en el peligro de los deseos negligentes. Burroughs escribió que nunca había sido tan estúpido como para desear dinero o desear que alguien muriera.

En las fotografías de la escena del crimen en los diarios mexicanos el vaso jaibolero yacía en el suelo a un lado de Joan, que había sido acribillada en medio de la frente. La horrible fotografía de Joan en la plancha de la morgue con su lápiz labial intacto fue conocida por todos en México y apareció en todos los tabloides de nota roja, así como en el informe policiaco, que era una publicación que cualquiera podía leer. Joan tenía 28 años. Burroughs pasó solo catorce días en el penal de Lecumberri, en donde también estaba preso el asesino de Trotsky, Jaime Ramón Mercader. Joan

Burroughs fue enterrada en el Cementerio Nacional de la Ciudad de México.

Burroughs y Basquiat pertenecían a la aristocracia de la heroína y Basquiat había pintado referencias de Burroughs en uno de sus lienzos. La bala que mató a Joan aparece en el tríptico de Jean-Michel *Five Fish Species (Cinco especies de peces)*. En el primero de los tres paneles, en acrílico y óleo en barra, escribió dos veces: «BURROUGHS BULLET» («BALA BURROUGHS») y pintarrajeó: «MOTHER-FUCKN SKULLBONE» («MALDITO HUESO CRANEAL») en el centro. Encima de una moneda de un centavo garabateó la fecha: 1951, que fue el año en que Joan fue asesinada. El segundo panel está lleno de garabatos vandálicos y referencias a Nueva York. En el segundo y el tercer panel Basquiat pintó la letra S dentro de triángulos que representan casas. La S es por Suzanne. Jean-Michel solía decir: «Suzanne, eres mi hogar». La fecha 1951 está también garabateada encima de una moneda de un centavo en el último panel. En la pintura de Jean-Michel no había accidentes. Todo tenía un significado.

Poco a poco, al cabo de un año, mientras Suzanne pintaba sus lienzos, sus manchas de pintura roja revuelta cubrieron el piso y se mezclaron con la pintura de Basquiat.

La duela se volvió una paleta de los colores de ella y de los de él.

La pintura verde de ella salpicaba la pintura dorada de él.

La pintura blanca de él desapareció debajo de los rayones amarillos de ella.

El rojo de ella y el azul de él se volvieron violeta.

En aquellos tablones de madera caminé por el paisaje oceánico titulado «El fin del amor».

De pequeña, viviendo en la Ciudad de México, aprendí que el fin del amor estaba en todas partes.

Ciudad de México

Ciudad de Libros

Algunos hechos

Mis padres llegaron a México en 1960. Mi padre era de la ciudad de Nueva York y mi madre, de Nebraska. Él era un ingeniero químico que había sido enviado a México para ayudar a construir las primeras plantas de tratamiento de aguas. Mi madre es pintora. Cuando nos mudamos a México yo era una infante y mi hermano mayor, George, tenía tres años. Dos años después nació mi hermana Barbara.

Mis padres creyeron que vivirían en México unos años, pero nunca se marcharon y nunca pudieron dar una razón de su incapacidad para partir. Vendieron su casa en los Estados Unidos y mi padre renunció a su trabajo para asegurarse de que nunca volveríamos.

El *sueño americano* fue un sueño que ellos nunca soñaron.

CALLE PALMAS

La Ciudad de México se extendía por el valle bajo un cielo de zapatos.

En la década de 1960 la Ciudad de México estaba cubierta de alambres eléctricos y cables de tranvía de tal manera que una red de líneas entrecruzadas enmarcaba las nubes. Casi en todos lados, pares de zapatos atados con sus cordones arrojados al aire colgaban de los alambres. El sur de la ciudad olía a cloaca abierta debido a la alta chimenea de la fábrica de celulosa de papel que despedía penachos de humo color café oscuro. Era parte del paisaje, como los volcanes que rodeaban el valle.

Las mujeres se dejaban crecer el cabello hasta las rodillas y a veces lo vendían para la elaboración de trenzas; mucha gente era bizca, dado que era una condición que no se había podido remediar al nacer. A los niños se les rapaba dos veces en su niñez temprana porque según todo el mundo así tendrían, a la larga, cabello grueso.

En la calle Palmas, en el barrio de San Ángel de la Ciudad de México, había rejas de hierro forjado en todas las ventanas. A las casas las rodeaba una barda revestida con fragmentos de botellas de vidrio rotas. Los dentados y afilados picos y astillas de vidrio amarillos y verdes mantenían lejos a los ladrones y, con la luz del sol, las bardas destellaban como si estuvieran recubiertas con joyas y cristales.

Las tardes eran cielos de golondrinas y una vez que el sol se había puesto el jardín se iluminaba con luciérnagas. Cada año, durante la festividad de San Juan, el 24 de junio, después de las primeras lluvias de la temporada, las habitaciones de nuestra casa y el césped y los árboles del jardín se cubrían con enjambres de hormigas voladoras chicatanas.

La calle Palmas era ruidosa. Empezaba desde muy temprano con los fragores de los barrenderos de la calle y sus escobas hechas de ramas largas y secas. Desde lejos el canto de los gallos entraba por las ventanas. Luego, el día entero los vendedores en burros llegaban a vender leña para las chimeneas o portando fruta, escobas y ollas de barro. Cada vendedor tenía su chiflido, una campanilla o un grito.

Los vendedores de pájaros traían canarios y loros, en pajareras que cargaban en sus espaldas. A veces vendían inclusive especies exóticas de las selvas de Yucatán. Se podía escuchar los silbidos de los vendedores desde muy lejos cuando imitaban los silbidos de los pájaros que vendían.

Había dos vendedores de helados que aparecían los domingos con un carrito de madera que empujaban sobre ruedas y campanas colgadas de los manubrios. Adentro del carrito había un inmenso barril de madera con los helados, casi siempre de lima, mango o mamey. Los carritos tenían nombre. Uno de ellos se llamaba *La desgracia de Pearl Harbor*, el otro se llamaba *De todos los hijos de mi mamá, yo soy el favorito*.

Frijol

Mi calle se llamaba calle Palmas (aunque ahora se llama calle Diego Rivera) por las dos grandes palmeras que había frente a mi casa y enmarcaban un enorme portón negro recubierto con azulejos que formaban un escudo de armas con una corona amarilla, un escudo, un perro alado, un árbol y una guirnalda. A estos símbolos heráldicos los rodeaban dieciséis azulejos pintados con figuras negras masculinas, una mujer y una cabra, y eran tan antiguos como la fundación misma de la Hacienda de Goicoechea en 1776.

Mi casa estaba a dos cuadras del estudio de Diego Rivera y Frida Kahlo. El muralista y arquitecto Juan O'Gorman había construido la casa para Frida y Diego en 1931. Se le conoce como la Casa Estudio, pero todos en el barrio la llamaban Casa Gemela, debido a que era un estudio para Diego y otro para Frida, conectados por un puentecito, que era muestra de la autonomía y dependencia de ambos.

A pesar de que Diego y Frida habían muerto unos años antes de que mi familia se mudara a esa calle, la Casa Estudio aún olía a la trementina de los pintores, a pinturas de aceite y a cigarros. La máscara mortuoria en bronce de Diego yacía encima de una mesita y su estudio se conservaba tal como él lo había dejado. Hasta los siete u ocho descomunales Judas hechos de papel maché permanecían junto a una ventana. Sus enormes zapatos alineados junto a una pared, y las mesas cubiertas con paletas y brochas para pintar. Había docenas de figurillas de gente y perros hechas de barro, y vasijas en muchas estanterías; pinturas inconclusas reposaban junto a una pared. Casi siempre había un gran florero de vidrio lleno de alcatraces frescos cerca de su colección de ranas y sapos hechos con cuero y papel maché.

En la vivienda contigua vivía la familia Borisov, en una casa que alguna vez había sido de Juan O'Gorman. Estas dos casas eran los únicos edificios con arquitectura funcionalista moderna en un barrio colonial de calles empedradas. Los Borisov se habían establecido en México en 1948 para escapar de la segunda Amenaza Roja.

Saul Borisov era un maestro tejedor originario de Bielorrusia. Su obra era curveada, tenía hendeduras o era completamente sinuosa pues quería que su arte combatiera la simetría del telar. De las paredes de su casa colgaban tapetes con gigantescos soles color naranja, animales ocultos tras hierbajos, árboles frutales y toros en ruedos cubiertos con flores.

Los Lombardo vivían a unas cuadras de distancia y tenían cuatro hijas. El doctor Luis Lombardo era uno de los neurólogos más respetados de México y uno de los amigos más cercanos de mi padre. En una ocasión hizo un viaje de caza y regresó a la Ciudad de México con un ocelote bebé, pues había matado a la madre sin darse cuenta de que había un recién nacido escondido bajo su cuerpo. Al ocelote bebé se le llamó Frijol. Cuando el felino creció, se le encerró permanentemente en una habitación a la cual nadie entraba pues el ocelote era feroz. Hasta la sirvienta se rehusaba a limpiar el cuarto. La señora Lombardo era la única que se atrevía a abrir con cautela la puerta y depositar comida para el ocelote. Sus brazos y manos estaban cubiertas de pequeñas mordeduras, marcas de garras y arañazos. Aquellas lesiones eran de un color púrpura vívido por la genciana violeta que todo el mundo usaba como antiséptico. Era como un uniforme nacional. Los niños que se recuperaban de la viruela tenían sus cuerpos cubiertos con lunares color púrpura. Hasta los animales estaban manchados. Los perros blancos se volvían color violeta y una vez vi a un burro con una pata púrpura.

Frijol fue donado al zoológico de la Ciudad de México después de que el doctor Lombardo se percató de que su hija recién nacida podría ser presa del felino. A lo largo de muchos años visitamos a Frijol en el zoológico.

Las fachadas de las casas y las calles permanecieron igual mientras el interior de la nuestra sufrió una metamorfosis.

Mi madre compró casi todos nuestros muebles en La Lagunilla (que era conocido también como el mercado de los ladrones) a un hombre que había sido general durante la Revolución mexicana y que vestía impecablemente con pulcra camisa color café, pantalones cafés y unas botas de equitación, tenía un bigotazo a lo Zapata. Le contó a mi madre que él había matado por lo menos a cinco personas durante la revolución. Mi padre decía que los hombres de cierta edad en México aseguraban haber sido generales durante la Revolución mexicana.

El local del general adentro del mercado tenía antigüedades polvosas apiladas una encima de la otra sin atender su valía. Tenía unos pollos viviendo en una enorme bañera de mármol. Él decía que la bañera era una copia exacta de la de la emperatriz Carlota, que podía verse en el Castillo de Chapultepec. El general tenía algunas sillas con leones esculpidos e insistía en que eran de los tiempos de los vikingos.

Nuestra casa en San Ángel poco a poco se fue llenando de las antigüedades del general, y el práctico mobiliario que había sido comprado en Estados Unidos desapareció. Una cajonera normal fue reemplazada por un gabinete-capilla del siglo XVIII que había sido utilizado para guardar prendas de altar. Las sillas del funcional comedor fueron sustituidas por un juego de doce sillas de respaldo alto austriacas Gebrüder Thonet. La única habitación que permaneció intocada fue la cuarta, que mi madre usaba como su estudio, donde pintaba y cosía y creaba gigantescos animales en papel maché y collages con tela.

Una bailarina rusa vivía en dos piezas de una casa detrás de la nuestra, en una privada pequeña que parecía también ser parte de la transformación de nuestra casa. La mujer paseaba por el barrio durante el día y era casi una pordiosera.

Sus ropas estaban hechas andrajos, pero eran andrajos de medias de seda aperlada, crinolinas, leotardos rosas, faldas de tafeta de color verde intenso y largos tutús. De vez en cuando tocaba el timbre de la puerta y le pedía a mi madre fruta sobrante. Hablaba muy poco español e inglés con un fuerte acento ruso.

Nadie recuerda su nombre. Algunas personas decían que era la bailarina conocida como «La Rusa» a quien D.H. Lawrence había conocido en el lago de Chapala, cerca del pueblo minero Ajijic, cuando él escribía *La serpiente emplumada*.

Mis cajones se llenaron con sus atuendos de ballet, que ella me fue regalando a lo largo de los años y siempre me los daba adentro de fundas de almohadas. Practiqué con estos tutús y vestimentas durante años y el aroma del perfume Shalimar que ella usaba permeaba todas mis pertenencias.

La bailarina me contó que había conocido a la gran Anna Pávlova en 1919 cuando esta vino a México en una gira dancística. Pávlova había usado un vestido de china poblana, que consistía en una falda hasta el suelo decorada con lentejuelas y la bandera de México, con un águila en un nopal y una serpiente en el pico bordada con hilos rojo, verde y azul. Pávlova había bailado el jarabe tapatío en puntas ante una multitud de treinta mil personas en la principal plaza de toros de la Ciudad de México. Cuando Pávlova terminó de bailar e hizo una larga reverencia, la multitud le gritó «¡Olé!» una y otra vez, como si ella hubiera hecho verónicas con un capote. Los hombres entre la multitud arrojaron entonces sus sombreros al proscenio, como si Pávlova hubiera bailado entre matadores y toros en un suelo cubierto de sangre y lentejuelas desprendidas.

Lo que se ha dado

A Frida Kahlo le gustaba descansar en bañeras. En almuerzos o cenas, y después de unos caballitos de tequila, aunque ella prefería whisky, de ser posible, se iba a buscar el baño. Una vez allí, se metía en la tina sin agua vestida completamente en mudas de faldas y enaguas y los zapatos puestos. Frida se sumergía como si la bañera fuera una cama de hospital o como si ella fuera una sirena en busca del mar, y reposaba el cuerpo.

Ruth, la hija de Diego, vivía en la Casa Estudio con sus hijos, Ruth María y Pedro Diego.

Ruth María fue mi primera amiga y la Casa Estudio mi segundo hogar.

En la Casa Estudio Ruth María y yo dejábamos el flanco que correspondió a Diego y cruzábamos el puentecito entre su azotea y la de Frida y bajábamos las precarias escaleras externas a la casa de ella, donde pasábamos la mayor parte de nuestro tiempo. Desde el puente veíamos la calle Altavista y el barrio de San Ángel y mirábamos por la alta barda de cactus debajo de nosotras. Desde ahí divisábamos los picos nevados del Popocatépetl y el Iztaccíhuatl. No veíamos los volcanes; veíamos el mito. El guerrero Popocatépetl había regresado de una batalla para descubrir que su amada, Iztaccíhuatl, había muerto. A partir de entonces, él la contemplaba en su sueño de muerta. Eran nuestros Romeo y Julieta.

La casa de Frida tenía un pequeño baño en el segundo piso. En los ardientes días de mayo previos a la temporada de lluvias, cuando el aire se ponía rojizo marrón por el polvo, a Ruth María y a mí nos gustaba llenar la bañera, despojarnos de nuestros vestidos veraniegos de algodón y nuestras sandalias de cuero blanco y refrescarnos en la tina. A veces vertíamos en el agua media botella de shampoo de huevo Vanart, para intentar darnos un baño de burbujas. Ruth María se ponía de pie en el agua provista con el espeso líquido amarillo, pateaba y pisoteaba para revolverla o se ponía en cuclillas fuera de la bañera y agitaba el jabón y las burbujas con las manos. Nunca conseguimos el baño de burbujas. Pero el agua fría era agradable y juntas aprendimos a burbujear bajo el agua.

Ruth María y yo no sabíamos que la bañera no solo daba cabida a nuestros pequeños cuerpos.

No sabíamos que la bañera con su redondeada coladera y su tapón de hule blanco, unido por una fina cadena, había contenido también el cuerpo de Frida.

Frida se autorretrató ahí, reposando en el agua, con muchos objetos y gente flotando en la superficie acuosa. Esta es una pintura al óleo fechada en 1938 y se titula *Lo que el agua me dio*.

El agua albergaba una voluminosa concha marina llena de orificios, eran orificios hechos con balas.

El agua abarcaba una isla y un volcán, un pájaro carpintero muerto y un vestido mexicano vacío.

En el agua gris y jabonosa había un pequeño esqueleto posando encima de una colina.

La bañera, que guarecía nuestros pequeños cuerpos, aún retenía el de Frida.

Ruth María Alvarado Rivera

Ruth María me encontró como se encuentra un caramelo en el bolsillo. Me encontró como una flor seca prensada en un libro viejo.

Ruth María me habría protegido de un matón, de un cuchillo, de una bala o de cualquier cosa. Cuando enfermé de ataques de asma se atemorizaba y me llevaba ramos de flores del mercado de flores de San Ángel.

Nos tomábamos de la mano. Me besaba la parte superior de la cabeza y me llevaba a todos lados, como si yo fuera una fracción de su cuerpo. Su hermano, Pedro Diego, más cercano a mi edad, era callado y andaba lleno de sombras. Leía libros todo el día y tenía un montón de papeles con sus dibujos.

Éramos cautelosos con el padrastro de Ruth María, el pintor Rafael Coronel, y si él estaba en la Casa Estudio no queríamos estar ahí, y nos la pasábamos en la calle. Pedro Diego y Ruth María decían que Rafael los maltrataba, los cintareaba y los encerraba en el baño, donde la cocinera les deslizaba tortillas debajo de la puerta.

A Coronel le gustaba tocarme el cabello, que era una indomable masa de rizos y nudos. Creo que era por mi cabello que me decía «Hadita». Tenía un rostro atractivo y cordial con unos ojos negros y profundos, que de repente podía volverse violento en una mueca sarcástica o de desprecio.

Coronel tenía una inmensa colección de máscaras en un estudio de la calle Altavista, unas casas adelante de la Casa Estudio. Para llegar al estudio de máscaras de Coronel yo tenía que pasar por una casa donde había una familia que había tenido doce hijas. Todo el mundo decía que eran doce hijas feas.

En el estudio de Coronel no había un solo espacio que no estuviera ocupado por máscaras de todas formas y tamaños. Hasta en las paredes del baño y de la cocina tenía máscaras, desde el suelo hasta el techo. Había calaveras con ojos rojos y caras con barbas largas hechas de heno. Había tigres y jaguares y sirenas y monstruos con narices que eran serpientes. Coronel tenía máscaras de cada región de México. Había una de un hombre con una cola de pescado saliéndole de la cabeza y otra de un cráneo humano portando una corona.

En mi primer sueño a los seis años, o el primer sueño que recuerdo, camino por la casa de la calle Palmas y los muros están cubiertos con máscaras. En el sueño puedo flotar y ver las máscaras que están cerca del techo. Por eso, durante gran parte de mi niñez, yo tenía la certeza de que podía volar. No sabía distinguir entre el mundo de lo real y el de los sueños y sabía exactamente lo que se sentía volar.

Ruth María y yo pasábamos las tardes de los jueves con Apolinar, el jardinero, que tenía la piel morena y pecosa y el cabello negro rojizo y cuidaba de los jardines del barrio. Cargaba unas tijeras enormes fuera a donde fuera y con ellas podaba los árboles y cortaba el césped.

Apolinar cortaba brotes en una casa y los plantaba en otra. Desenterraba raíces, recortaba esquejes de un jardín y los replantaba en la tierra de otro. De este modo nuestras casas se conectaban en un linaje de rosas y buganvilias.

En una ocasión, en que yo cavaba una tumba para uno de mis conejos entre las hileras de blanca lavanda de bocas de dragón plantadas en nuestro jardín por Apolinar, encontré la cabecita de barro de una antigua diosa azteca. Me cabía en la mano.

Apolinar había sido torero y había asistido a la primera corrida que tuvo lugar, en 1946, para inaugurar la Monumental Plaza de Toros de la Ciudad de México, y la más grande del mundo. Ahí él vio a Manolete, el mejor matador de todos los tiempos, dijo, torear en el ruedo. Un año después, Manolete murió por una cornada que le hizo el toro de Miura Islero. Apolinar le puso por nombre Islero a su único hijo.

A veces, Apolinar se arremangaba el pantalón y nos mostraba las redondeadas heridas color concha de ostra en su pierna, de los tiempos en que había sido cornado en el ruedo.

Nos contó que a él le gustaba rebelarse contra todo aquello que quisiera arrebatarle la vida. Decía que nadie combatía con un toro para morir, sino que la belleza de la fiesta taurina dependía de la disposición para la muerte.

Agua de colonia Sanborns Clásica Flor de Naranja

Todo mundo usaba el agua de colonia Sanborns Clásica Flor de Naranja. Antes de ir a la escuela me frotaban brazos y cuello con la suave esencia cítrica, o la rociaban en mi cepillo para el cabello y luego me peinaban con él. Los hombres la usaban para después de afeitarse y las mujeres la rociaban en la ropa que planchaban. En Acapulco la usábamos también para ahuyentar a los mosquitos.

Brujas y curanderos, que hacían limpias espirituales en sus casas y en los mercados, usaban la colonia para deshacer aires de pensamientos y espíritus malvados. A veces la usaban como si fuera agua bautismal y la untaban en la frente de la gente que acudía a curarse o a buscar alivio.

Ruth María tenía una botella vacía de esta colonia que había pertenecido a Frida, la cual conservaba en un cajón de su recámara. Había también una bolsita de horquillas para el cabello adentro de una cajita de cartón de la marca Rosita, que había pertenecido a Frida. En la cajita estaba escrito que las horquillas tenían punta suave que no arañaba el cuero cabelludo y eran lo suficientemente dúctiles que no rompían los dientes. Yo atestigüé cómo todo el mundo abría esos prendedores con los dientes.

En el salón de belleza Celia, donde a mi madre le arreglaban el cabello, Celia tenía los dientes frontales afilados y rotos por abrir horquillas con ellos.

Frida se había astillado los dientes frontales con estos prendedores, por lo que dos o tres de ellos tenían arreglos con oro. Como no era una anécdota muy romántica, Frida aseguraba que un extraño en la calle le había pegado en la cara y le había roto los dientes. Nunca se autorretrató sonriendo.

Todo era lo que era

En nuestro barrio se podía caminar doce cuadras y visitar la mano del general Obregón en el Monumento a Obregón. Durante la Revolución, en 1915, en sus batallas contra Pancho Villa, a Obregón le habían herido la mano y luego se la habían amputado. Se le construyó un enorme monumento a la mano, que había sido conservada en un tarro de vidrio lleno de formaldehído por el médico que realizó la cirugía. El recinto era circular y la mano estaba en el centro, bajo una gran lámpara. Era todo lo que había para ver. La mano era de una blancura pastosa y venas y huesos se le asomaban por la muñeca cercenada. Si teníamos visitas del extranjero, los llevábamos a ver la terrible mano como un rito de paso en México.

Al otro lado de la calle del monumento a Obregón se hallaba el Exconvento de Nuestra Señora del Carmen, que era una imponente iglesia colonial y había sido un convento de monjas donde podíamos visitar los restos de religiosas momificadas. Los rostros de las monjas con las bocas abiertas y los ojos hundidos me eran tan conocidos como los rostros de mi familia.

El mercado de San Ángel se localizaba a tres cuadras del convento y la plaza donde mi madre hacía la mayor parte de las compras. En el mercado vendían de todo, desde cestos de plástico hasta pollos vivos o muertos, pájaros en jaulas, piñatas y montoncitos de cacahuates. Había mendigos en artesanales carritos con ruedas porque les faltaba una o las dos piernas.

En el mercado había una psíquica de animales de nombre Hortensia, quien podía encontrar animales perdidos. Si alguien perdía su gallo, su burro, su gato o su perro iban a consultarla. Ella podía encontrar en sus sueños a los animales perdidos. Una amiga de mi madre que había perdido su perro fue a ver a la psíquica. El perro tenía varios días perdido. En las primeras consultas, que fueron en el mercado junto al puesto en donde vendían hilos de todos colores para bordar, Hortensia solo soñó que sostenía en sus brazos al perro y dijo que eso no contaba. Fue cuando finalmente lo soñó durmiendo con un cerdo al pie de su cama cuando Hortensia supo que el perro estaba a salvo y sería encontrado, y así fue.

Todo era lo que era.

Una persona bizca era bizca.

Las prendas de luto se usaban al menos durante un año y, en algunos casos, de por vida.

En muchos pueblos de México había una tradición en las festividades: el hombre más feo del pueblo era el hombre más feo del pueblo y tenía que bailar con la más bonita.

A las calles se les nombraba por lo que hubiera ocurrido en ellas. Calzada del Hueso, Barranca del Muerto, Calle del Degollado y Cumbres de Maltrata.

En cada iglesia católica se exhibía la imagen labrada de Cristo de cuerpo entero con las manos clavadas a la cruz. Pintura rojo sangre rezumaba de esas heridas y de las heridas de su cabeza por la corona de espinas.

Todo era lo que era.

El sufrimiento y la injusticia eran sufrimiento e injusticia.

CHONA

Durante los primeros diez años de mi vida, Chona fue mi pilmama. Era pequeña como un niño y tenía el cabello negro rizado. Le gustaba verse en espejos para poder inspeccionar sus dos dientes frontales, uno de los cuales estaba completamente rodeado de oro.

Chona también masticaba chicle, que se hacía con la savia del árbol chiclero o del de chicozapote que compraba a los vendedores o campesinos que venían a la casa varias veces al mes. También vendían objetos prehispánicos y de alfarería, envueltos en sarapes, que desenterraban de sus milpas.

En su libro *Historia general de las cosas de Nueva España*, fray Bernardino de Sahagún, que viajó a México en 1529, describió a las mujeres masticando chicle o *tzictli*, la palabra con que se nombra el chicle en náhuatl, y las estrictas reglas de cuándo y cómo era permitido usarlo. Escribió que el chicle tronaba en sus bocas como castañuelas.

Cuando Chona no podía conseguir chicle, cortaba trocitos de papel o de periódico y los masticaba por horas. Yo quería ser como ella y ella quería que yo fuera como ella, así que yo también masticaba pedacitos de papel. A veces la tinta, por masticar un trocito de papel o una esquinita de la página de una tira cómica, nos ponía los dientes color gris negruzco. Chona me contó también que cuando era niña había sido tan pobre que había aprendido a comer papel para no sentir hambre.

Los sábados o domingos Chona me llevaba al parque de Chapultepec. Allí no nos interesaba tomar el trenecito que daba la vuelta al parque. No nos interesaba rentar una lancha en el lago o comprar globos o algodón de azúcar rosa. El lugar al que íbamos era la Casa de los Espejos, situada justo antes de la empinada subida al castillo en lo que era el cuartel de guardias bajo el emperador Maximiliano.

A lo largo de las paredes del amplio recinto había cerca de tres docenas de espejos convexos y cóncavos. En sus reflejos, yo podía ver mi cuerpo deformado en muchas medidas y tamaños.

Los espejos no mostraban las cicatrices circulares azulblanco alrededor de mi tobillo derecho por meterme en un nido de avispas que había caído de un árbol en el bosque a las afueras de Valle de Bravo.

Los espejos no mostraban las marcas de dientes en mi brazo derecho por el ataque del perro de los Borisov, ni la cicatriz bajo mi ojo izquierdo donde una víbora me había mordido la mejilla.

En aquel vestíbulo de espejos, supe lo que estaba por venir. Vi mi cuerpo de niñita transformarse en el de una anciana.

Chona no sabía leer ni escribir. No sabía cómo agarrar un lápiz ni sostenerlo en su puño y lo agarraba como si fuera una herramienta para escarbar o un cuchillo para apuñalar.

Aprendí a leer para ella, aprendí a escribir por ella.

A Chona le gustaban especialmente las fotonovelas. Las vendían en un puesto junto a las revistas de tiras cómicas *La familia Burrón* y las de *Memín Pinguín* y *Kalimán*. Las revistas de tiras cómicas de Estados Unidos, como *Tarzán*, *Tom y Jerry* y *Superman*, se traducían todas al español.

Con el tiempo, mi lectura se perfeccionó por las adquisiciones semanales, a un peso, de Chona, de la fotonovela *Ayúdeme, Doctora Corazón*. Estas publicaciones se imprimían en papel barato y narraban historias a través de fotografías y dibujos. Muchos de los protagonistas eran actores famosos.

En el interior de las tapas había anuncios donde los corazones rotos podían escribir de sus problemas a la Doctora Corazón. La columna de consejos se titulaba «La Clínica de las Almas». Yo le leía todas las consultas a Chona.

Los parlamentos de las tramas en *Doctora Corazón* tenían invariablemente largas escenas telefónicas, que se prolongaban durante muchas páginas para ocupar espacio y crear suspenso. Hay diálogos que todavía recuerdo porque empezaban exactamente del mismo modo.

«Hola».
«Hola».
«Hola».

«¿A dónde quiere llamar?».

«¿A dónde hablo?».

Las portadas de *Doctora Corazón* mostraban a hombres y mujeres angustiados con las bocas abiertas en shock, con lágrimas rodándoles por las mejillas, o con una ominosa y sombría presencia reflejada en las pupilas de los ojos. Las historias se anunciaban en letras de molde: «Después de muchos años él ha empezado otra vez a darme problemas», «Cruel traición», «Me obligaron a casarme con él sin amarlo», «Me hice justicia por mano propia» y «La paloma de la soledad».

En estas páginas aprendí de los amores imposibles entre hombres y mujeres.

El hospital ABC

Mis ataques de asma y el tiempo que pasaba en el hospital empezaron inmediatamente al mudarnos a la Ciudad de México. Durante los severos ataques, mis padres me llevaban al hospital ABC, que se había construido en 1923 y estaba distante de nuestra casa en San Ángel. En el hospital me ataban a una cama, sujeta por tobillos y muñecas, y me colocaban bajo un dosel aislante de plástico como barrera, con vapor frío canalizado a través de una máquina de hielo. Me ponían dos cánulas en la nariz para bombear mis pulmones y darme oxígeno y un compuesto inhalable de epinefrina. Me administraban una inyección subcutánea de adrenalina cada ciertas horas. Mis padres me miraban a través del neblinoso dosel de plástico.

En casa, convaleciente de aquellos tortuosos días en el hospital, Chona usaba Vick VapoRub para intentar ayudarme a respirar. Me restregaba el pecho y la espalda con este combinado de mentol, eucalipto y vaselina. Me frotaba las plantas de los pies con el ungüento y después me los metía en bolsas de plástico. Chona también me llevaba a los baños públicos de San Ángel, cerca del mercado, para tomar baños de vapor. En el espacioso salón con pisos de azulejos y lleno con nubes de vapor, me enteraba del chismerío del barrio. A pesar de que íbamos en los días para mujeres y la mayoría eran pobres y este era el único lugar donde podían asearse, todas se bañaban en sus modestas enaguas y ropa interior, que se volvían completamente transparentes al humedecerse.

A lo largo de mi infancia, en la oscuridad de las dos o tres de la mañana, oía el estridente sonido del resuello en mis pulmones. Me incorporaba, salía de la cama y me iba a la habitación de mis padres. Despertaba a mi padre tocándole el brazo. Era muy difícil respirar y hablar con el aire que solo entraba pero no salía. La primera vez que vi a un pez jadeando en la cubierta de un barco, con su boca bien abierta, reconocí esa forma de morir.

DIENTES DE LEÓN

Yo podía contar cada grieta en la acera y cada raíz de árbol que atravesaba el cemento.

Sabía dónde crecían los dientes de león entre los adoquines.

Pasé mi infancia huyendo de casa, que consistía en un viaje dando vueltas alrededor de la manzana. A veces durante cuatro horas y todavía oyendo las palabras de mi madre o sintiendo sus nalgadas y bofetadas. En una carta a sus padres mi madre me citaba. Escribió: «A los tres años y medio Jennifer dice: "Si me sigues pegando me voy a poner nerviosa y me voy a ir a otra casa"».

En aquellos años, las estrellas de papel dorado brillante, o azules o rojas, que me pegaban en la frente en la escuela podían encontrarse a lo largo del camino a casa esparcidas en el suelo.

Mientras huía, lloraba con la boca cerrada firmemente.

Chona me había dicho que debía tener cuidado para nunca tragarme una mosca.

Ballet

Cargando mis zapatillas de ballet, Chona me encaminaba las cuatro cuadras hasta las clases que me impartía madame Bannister, que era una espiritista. Inicié las clases de ballet a los cuatro años. Madame Bannister descendía de una familia británica de médiums que había llegado a México a finales del siglo XIX. Ella era inclusive la médium de su padre y en su casa, que era en realidad un gran complejo de casas para la familia entera entre Calle de Reforma y Calle Santísimo, se había construido un santuario para las sesiones espiritistas, que estaba al lado del salón donde se daban las clases de ballet.

Fue Madame Bannister quien me mostró la entrada a un túnel en aquella pieza, que unía un laberinto de túneles. Durante la Revolución mexicana a principios de 1900, se construyó una red de túneles subterráneos para resguardarse del caos y la violencia. Muchas casas en el barrio de San Ángel están unidas subterráneamente por estos pasadizos.

Había un pianista que tocaba para las clases de ballet en un piano vertical. Para los ejercicios casi siempre interpretaba a Chopin —*plier, étendre, relever, sauter, tourner, glisser*— y a Tchaikovsky cuando se nos permitía el libre movimiento.

A esa edad, con fantasmas cerca, aprendí un lenguaje militar, un metrónomo matemático del ritmo, que era el sonido de mi cuerpo, el corazón dentro. Estos primeros pasos fueron el comienzo de una lealtad de por vida.

En la danza había una soledad a la que yo pertenecía cuando me convertía en cisne y en golondrina, en tigre y en ciervo. Sobre todo, la disciplina de soldado me rebasaba, y el piso de madera, las barras y los espejos eran el lago y el campo de batalla.

ENCICLOPEDIA

«Cuando lleguen las enciclopedias» se convirtió en un sinónimo de algo que nunca ocurriría.

Yo tenía dos años cuando mi padre compró un juego completo de la *Enciclopedia Británica*. Los libros tardaron un año en llegar a México en barco desde el Reino Unido. Posteriormente pasaron dos años más en las oficinas de Aduanas del Puerto de Veracruz antes de que los enviaran por tren a la Ciudad de México. La enciclopedia tardó tanto que la experiencia de esperar algo con gran veneración se volvió parte de nuestras vidas.

La enciclopedia llegó el 25 de mayo de 1965. Al tiempo que veíamos los libros, mi padre tenía su radio de transistores, que era su objeto favorito, prendido a todo volumen. Escuchaba la pelea entre Muhammad Ali y Sonny Liston cuando este fue noqueado en el primer round por el «golpe fantasma» de Ali.

Al fragor de la pelea de boxeo, empecé a entender que el Nilo era el río más largo en el mundo y que el río estaba también en la palabra.

La palabra *globo* era un globo.

Siempre me han encantado las historias sobre huérfanos

Los primeros cuentos de hadas que me contaron antes de que aprendiera a leer, las primeras historias dentro de mí, estaban llenos de huérfanos. Caperucita Roja, Cenicienta y Blanca Nieves se hallaban solas. E incluso antes de que supiera de estas historias, yo sabía que Chona era huérfana. Me contó anécdotas acerca de su casa en la base del volcán Popocatépetl, donde ella y su hermana crecieron sin sus padres, que habían muerto en una epidemia de tifo.

Cada 12 de diciembre Chona me llevaba a agradecer y rezarle a la Virgen de Guadalupe en la Basílica del Tepeyac, muy lejos del barrio donde vivíamos. Entre las multitudes llegadas de todo México vi a leprosos con llagas en sus rostros y tumoraciones en manos y pies. Había niños con enfermedades y lesiones horribles y algunos eran llevados en improvisadas camillas de tela. A los ciegos se les guiaba o caminaban vacilantes por sí mismos con una larga rama de árbol o un palo de escoba para ayudarse. La mayoría de la gente iba descalza y había muchos que avanzaban de rodillas envueltas en trapos sangrantes a lo largo de las sucias banquetas y calles, mientras que algunos caminaban sin protección y sus rodillas eran masas de carne y huesos sanguinolentos.

Había escuálidos perros perdidos por todos lados buscando algún resto de comida. Los mendigos en harapos se alineaban en las calles y algunos sentados en el suelo levantaban sus ahuecadas y anhelantes manos.

Las calles se llenaban de mariachis y tríos cantando las mañanitas a la Virgen de Guadalupe. Los vendedores de lotería gritaban que el día de la Guadalupana era el día de mayor suerte del año. La gente cargaba bolsas de confeti y aventaba puñados por todos lados.

En la basílica teníamos que formarnos en una fila larga y pasábamos muchas horas de pie entre el gentío bajo el sol antes de poder ver el antiguo lienzo con la imagen de la Virgen de Guadalupe, rodeada de estrellas doradas, enmarcado sobre el altar. Muchos años después, en 1979, cuando historiadores de arte estudiaron imágenes digitalizadas a alta resolución, amplificadas 2,500 veces, se descubrió que las pupilas de la Virgen albergaban la imagen milagrosa de una familia indígena integrada por una mujer, un hombre y tres niños junto con otras personas, entre ellos Juan Diego, que atestiguó el milagro de la aparición de la Virgen.

Chona tenía una pequeña estampa desgastada de la Virgen de Guadalupe que traía siempre consigo. En la estampa decía: «Morenita, ya que me hiciste el milagro de volverme india, te ruego nos hagas tus hijos, hermanos y hermanas».

Chona era profundamente religiosa y, a escondidas de mis padres, nos había llevado a mi hermana y a mí para que nos bautizara el cura del Exconvento del Carmen. Barbara era bebé y yo tenía solo tres años. Muchos años después Chona le confesó a mis padres lo que había hecho. Creyó que mis padres se enojarían, pero mis agnósticos padres le agradecieron su acto de amor.

«Tenemos un largo camino por delante»

El cartero llegaba en bicicleta a nuestra calle dos veces al día. Recogía las cartas que se enviaban y dejaba las que arribaban de todas partes del mundo al Palacio Postal de México, que se encontraba en el Centro cerca del Palacio de Bellas Artes. Todos los días llegaban cartas y mis padres escribían las suyas a sus padres en Nueva York y en Nebraska dos veces a la semana.

Tengo cajas llenas de las cartas que mis padres les escribían a mis abuelos. Como había muy pocas tiendas donde comprar ropa en la Ciudad de México, casi todo era hecho a mano. Hay cartas con muestras de tela que mi madre añadía para enseñar a sus padres los vestidos que confeccionaba.

Una carta de mi padre a mi madre a principios de 1960, cuando él estaba de viaje en Perú, decía: «Ponle un alto a Jennifer antes de que yo llegue».

A lo que mi madre respondió: «Mejor ya me voy a dormir y descansar. Tenemos un gran camino por delante».

En carta tras carta que mi madre escribió a sus padres, hay una mención constante de mi desafío a la autoridad.

Mi madre me decía: «Estás destinada a cosas maravillosas o a la cárcel».

Me quemé la mano izquierda con las palabras: «No toques la plancha».

A las niñas en México se les perforaban las orejas al nacer y mis padres pensaban que era algo bárbaro. Que yo supiera, yo era la única niña que no tenía las orejas perforadas. Traté de perforármelas con una aguja cuando tenía seis años. La aguja entró directamente en los lóbulos de las orejas.

Odiaba ir al doctor y mi madre tenía que mentirme y fingir que íbamos a algún otro lugar. Yo nunca abría la boca con el dentista. Mi madre tuvo que encontrar un dentista que era también un psicólogo para que intentara convencerme, con juegos y premios, de abrir la boca.

No me gustaba comer nada que tuviera color. Quizá se debía a complicaciones que tuve al nacer, lo cual significaba que no comía mucho de recién nacida y tenían que hacerme lavados de estómago y otros procedimientos, que en aquellos tiempos era común que se hicieran sin anestesia. Chona se hizo cómplice en mis gustos y me compraba panecillos en la panadería, los cuales yo comía con mantequilla o mayonesa: blanco sobre blanco.

Mi madre compraba en el mercado toda clase de cosas extrañas para mi hermano, pues él disfrutaba comer cosas raras. En una ocasión compró ancas de rana para el almuerzo, que yo me rehusé a comer. Mantuve la boca bien cerrada y me fui corriendo de la mesa. Mi madre me carrereó llevando en la mano derecha un tenedor en alto con un pedazo de anca de rana en las puntas del cubierto. Corrí hacia el baño, pero mi madre era muy rápida. Por haber crecido en una granja en Nebraska junto con tres hermanos, nadie podía ganarle una carrera. Podía disparar un rifle, escalar el árbol más alto y robar los huevos de los pájaros. Y galopaba caballos más rápido que cualquiera.

Cuando corrí para resguardarme en el baño, mi madre entremetió su pie en la puerta mientras yo desesperada trataba de cerrarla. La abrió de una patada y me empujó sobre las baldosas con su rodilla presionándome el pecho y el tenedor alzado encima de mí como una daga. Yo apreté los dientes y no abrí la boca. Finalmente, ella se rindió, se apartó y no me dirigió la palabra durante días.

Mi madre me advertía que, si yo decía groserías, me iba a lavar la boca con jabón. A la hora del baño yo practicaba poniéndome jabón adentro de la boca para cuando llegara el momento estar preparada.

En una carta que mi madre escribió a sus padres, cuando yo tenía ocho años, dice: «Jennifer es una nadadora sin miedo —sin pizca de miedo—. No podemos apartar la mirada por un segundo».

Las Chicas Guías fue fundada en México en 1930. Mi madre consideró que era buena idea que yo formara parte de esta organización, ya que me enderezaría como una regla.

Cada sábado tenía que ponerme uniforme: una falda gris, blusa blanca, calcetas hasta las rodillas, un pañuelo alrededor del cuello y una capa corta. Nos encontrábamos en el jardín de la casa de una de las líderes-guías, donde hacíamos caminatas y alzábamos tres dedos como parte del compromiso con la organización. Teníamos que escribir nuestras buenas acciones diarias en un cuaderno y leerlas frente al grupo. Se colocaban montoncitos de leña y ramitas a lo largo de los senderos del jardín y teníamos que aprender a encender un fuego con dos cerillas. Teníamos que trabajar para conseguir insignias de tela al mérito, que serían cosidas en nuestras mangas.

En ese momento, yo era la única niña en cuarenta años que había sido expulsada de las Chicas Guías en México. En la notificación que enviaron a mi madre le explicaban que me pedían que me fuera por insubordinación, incitación a la revuelta y fumar cigarros. Yo tenía once años.

Las palabras «no lo hagas» eran palabras con las que yo no podía vivir.

Me enseñó a tener miedo de todo

Cuando Aurelia sonreía solo se le veía una gran boca llena de encías rosadas. Vivió con nosotros cuatro o cinco años, limpiando la casa y ayudando a mi madre en la cocina. Chona la odiaba.

A Aurelia le gustaba darme pellizcos de monja y retorcer mi carne entre sus dedos. Era buena para ocultar lo que hacía, y con una de sus uñas le arrancó un trocito de piel de la axila a Barbara. Aurelia me enseñó a tener miedo de todo, pero su escuela-de-vida tuvo el efecto contrario y me hizo no tener miedo de nada en absoluto.

Aurelia decía que los murciélagos salían por la noche y dejaban su saliva por todo el árbol de eucalipto. Decía que si yo tocaba el árbol moriría porque lo habían dejado cubierto de rabia. Me di cuenta de que a menudo había pájaros muertos en la base del árbol, así como mariposas muertas.

A veces me sentaba en la penumbra del cuarto de Aurelia y observaba cómo se frotaba todo el cuerpo con rodajas de limas para tratar de aclarar su piel. Nunca las tiraba, por lo que había limas marrones usadas por todas partes. En el alféizar de su ventana colocaba huesos de pollo secos y cebollas y rábanos viejos y podridos. Chona decía que los usaba para hacer brujería.

Fue gracias a Aurelia que aprendí del mundo. Me contaba de incesto, crimen, suicidio y cualquier otro tipo de delito imaginable. A Aurelia le gustaba comprar el semanario *Alarma!*, que informaba de los crímenes más espantosos ocurridos en México durante la semana, acompañados de fotografías explícitas y brutales.

Una edición contenía una serie de fotografías tomadas a una mujer cuyo amante le había cosido los ojos y la boca con aguja e hilo.

El zahorí

Nunca sabía que mi madre había tenido un accidente, un rasguño o una caída hasta que le veía una venda o una costra. Ella era estoica y nunca se quejaba de nada. El dolor en su mundo entró y se quedó allí como si se tragara un gran suspiro y nunca lo dejara irse.

Mi madre creció en una granja en Nebraska durante la Gran Depresión. Nos decía a mis hermanos y a mí que nos fijáramos por dónde íbamos y tuviéramos cuidado de no pisar descalzos un clavo oxidado porque podríamos contraer tétanos. Nos advertía de esto a menudo. No había clavos oxidados tirados en la Ciudad de México. Era un miedo de granjera.

Mientras que mi padre provenía de una familia judía que creía en la ciencia, la razón y la tolerancia impregnadas de Voltaire, la familia de mi madre provenía de un entorno que buscaba la libertad de pensamiento y creencias. La educación y el conocimiento eran sagrados para mis padres. En 1879, mi bisabuelo, Nathaniel G. Clement, construyó la granja de Nebraska y llevó consigo una biblioteca a través de las llanuras en carromatos tirados por caballos. Aquella biblioteca era la única en esa parte del Medio Oeste y muchos le dieron uso. Según la tradición familiar, aquello suscitó una visita de Mark Twain.

En la época en que se establecieron en la granja, a una tía abuela le arrancaron el cuero cabelludo durante un ataque de una de las tribus indígenas de las Grandes Llanuras, y sobrevivió. En México, en el cajón superior del tocador de mi madre, teníamos un gorro de punto amarillo en una bolsa de plástico, como una reliquia antigua, que la tía había usado por el resto de su vida.

Cuando mi abuelo tenía 54 años, descubrió que era un zahorí. Nunca buscó un pozo seco y encontró más de mil pozos en el área, lo que cambió el paisaje de Nebraska de marrón a verde. Nunca cobró por sus conjuros y pasó el resto de su vida leyendo libros sobre adivinación en el agua para intentar comprender quién era él.

Cuando él y mi abuela vinieron a visitarnos a México por primera vez, mis padres los llevaron a visitar la Pirámide de la Luna y la Pirámide del Sol en Teotihuacán, un lugar donde alguna vez se había sacrificado a miles de personas. Después de conducir durante dos horas desde nuestra casa y conforme nos acercábamos al sitio arqueológico, mi abuelo comenzó a sentir un peso terrible sobre su cuerpo. Dijo que se sentía muy pesado. Cuando llegamos a las pirámides y él se bajó del auto, se desvaneció. Fue como si una gran mano lo empujara hacia abajo, dijo. Incluso su rostro estaba presionado contra la tierra y la grava en el área de estacionamiento de visitantes. No había nada que hacer. No pudimos quedarnos. Volvió a meterse a gatas en el coche.

BOTONES

Mi bisabuelo Cohn, que había emigrado a los Estados Unidos a finales del siglo XIX, se había ganado la vida vendiendo botones de puerta en puerta en cualquier época del año. Cuando yo tenía cinco años mi padre me llevó, y fuimos solo nosotros dos, a la ciudad de Nueva York para conocerlo.

Mi abuelo me decía que los botones que mejor se vendían eran los de cuero o los de cuerno de animal, para las chaquetas de hombre. Él había comprado también botones exóticos en Chinatown cubiertos de hermosos esmaltes de colores o hechos de vidrio y nácar. En una ocasión incluso le compró a un comerciante italiano un juego de botones de latón dorado con forma de zapatos.

Cuando regresé de Nueva York, tomé los frascos de botones que mi madre tenía en su estudio y los vacié encima de mi cama. Fue como desparramar un frasco de dulces. Mi madre guardaba botones para su costura y los usaba en algunos de sus collages hechos con telas. Tenía grandes botones militares de latón, botones de cristal amarillo y azul, botoncitos de perlas e incluso botones que había traído de su largo viaje con mi padre a Japón. Los botones japoneses estaban cubiertos de flores muy finas, adornados con esmalte de color coral, y había unos cuantos en forma de delicados abanicos, pintados con un esmalte amarillo dorado. Yo no sabía que los botones eran mi herencia.

La última moda

En México mi madre adoptó inmediatamente la última moda, que consistía en fijar broches de *makech* a suéteres o blusas. Estaban hechos de escarabajos enjoyados vivos y creados en torno a una antigua leyenda que contaba la historia de cómo una princesa se había convertido en un escarabajo.

El *makech* de mi madre estaba cubierto de piedras verdes, por lo que parecía hecho de jade. Estos escarabajos, de una longitud media de cuatro centímetros, cargaban piedras semipreciosas incrustadas a sus lomos con un fuerte pegamento. Una cadena de oro, que también estaba pegada al *makech*, servía como correa para que el escarabajo no volara ni se perdiera.

Cuando llegaban de visita las amigas de mi madre, yo veía los escarabajos enjoyados caminar sobre los hombros y los bustos de las mujeres.

Mi madre guardaba su *makech* en una caja de vidrio en un cajón del tocador, y años después de que el insecto muriera, todavía estaba allí junto a su rebozo azul oscuro y blanco.

Collage de familia

El año en que Armando Manzanero ganó el primer lugar en el Festival de la Canción de Miami con la canción «Cuando estoy contigo», que sonaba sin parar en la radio mexicana, mi madre hizo un collage de la familia.

Lo montó sobre terciopelo morado con diferentes tejidos, entre ellos brocados de seda, piezas de algodón bordado, encaje y botones dorados de estilo militar. En el retrato familiar, yo sostengo una mariposa muy grande con lentejuelas de color rosa nacarado como si fuera una mascota. Mi padre, que en casa siempre vestía caftanes elegantes, holgados, de lana fina o de algodón que se hacía confeccionar a medida por un sastre, viste un caftán con rayas moradas y un sombrero de estilo uzbeko con rayas blancas y negras. Está de pie a un lado de mi madre y sus tres hijos. Este collage se llama «La familia».

Mi madre le obsequió el collage a mi padre como regalo de Navidad. Mi padre decía que celebrábamos la Navidad porque éramos judíos agnósticos, católicos, anglicanos, budistas y ateos. Era una identidad que él había creado para nosotros.

Cada Nochebuena, mi madre nos servía sopa de ostras, ya que este platillo había sido una tradición por parte de la familia de su madre. Nos sentábamos en el comedor, en el que había cubiertos de plata, finos platos Limoges y velas altas y cónicas encendidas en el centro de la mesa. Con una servilleta blanca de lino almidonada sobre el regazo, bebíamos la cremosa sopa. Mis padres bebían champaña y a mis hermanos y a mí nos permitían probarla o tomar dos cucharadas. Cada año, en cada plato de sopa de ostras, mi madre colocaba en secreto una perla auténtica en el líquido de color café claro. No me gustaba la sopa de ostras, así que dentro de mi sándwich hecho especialmente con mantequilla y queso, siempre encontraba una perla.

ACAPULCO

Acapulco olía a una mezcolanza de aceite de coco, tamarindo, pargo frito al ajillo, colonia de azahar de Sanborns y protector solar Coppertone.

En mi adolescencia, cuando soñaba con huir de casa, siempre tomaba rumbo a Acapulco, donde la luna arde más abrasiva que el sol. Las mujeres en México saben que si vas a Acapulco puede pasar cualquier cosa, así que asegúrate de empacar un vestido de novia.

En Acapulco todavía era conocida por todos la leyenda del marinero isabelino Sir Francis Drake, también un peligroso pirata. Si te portabas mal cuando eras niño te decían que «El Drake» iba a venir por ti.

Solíamos ir a Acapulco al menos seis a ocho veces al año. El viaje, en el que los soldados nos detenían en varios puestos de control, duraba más de siete horas a lo largo de una estrecha carretera de un solo carril. Siempre parábamos en el pueblo de Iguala para tomar un helado en Dairy Queen.

Durante el viaje de Chilpancingo a Acapulco, hombres, mujeres y niños de las pequeñas comunidades a lo largo del camino se alineaban en la carretera vendiendo iguanas verdes y cafés, tortugas y aves tropicales con plumas de muchos colores. Mi padre tenía que ser precavido para no chocar con vacas o burros que pudieran estar parados en medio de la carretera. Por todas partes había perros muertos que habían sido atropellados y los zopilotes volaban en círculos muy por encima de ellos, siluetas negras en el cielo azul.

Nos hospedábamos en el hotel Mirador con vista a la gran bahía o en palapas que se alquilaban por noche justo a la orilla del agua. Había hatos de cerdos vagando por la playa y las familias se reunían para lavar su ropa en el agua salada del mar. Vendedores, vestidos con ropa ligera, caminaban de un lado a otro de la playa ofreciendo conchas, cocos y dulces de tamarindo. Como parte del tiempo en Acapulco, nunca dejábamos de ir a la Isla La Roqueta para ver al famoso burro que bebía cerveza.

Por las noches, mis padres iban a bailar twist en los clubes acapulqueños. Durante el día salíamos en embarcaciones con fondo de cristal o pescábamos pez vela. A mí y a mis hermanos nos ataban al barco con una cuerda gruesa mojada porque no había chalecos salvavidas. Nos quedábamos a una distancia segura y veíamos cómo el pez vela, largo y de iridiscente color azul, se volvía de un marrón opaco al morir, solo unos segundos después de haber sido sacado del agua. En uno de esos viajes, mientras practicaba snorkel, mi padre encontró en la arena un pequeño y antiguo crucifijo de oro de un barco pirata.

El 22 de noviembre de 1963, mi familia estaba en la playa de la isla Roqueta, frente a la bahía de Playa Caletilla. Nos apiñamos bajo una gran palapa, buscando dientes de tiburón en la arena y bebiendo agua de coco, con pajitas de papel con rayas rojas y blancas, de los orificios en la parte superior de grandes cocos verdes. Escuchamos unos gritos angustiosos y volvimos la vista hacia el muelle para ver a un joven pescador vestido solo con unos pantalones andrajosos corriendo por la playa hacia nosotros. Vociferó algo y, al llegar hasta nosotros, intentó desesperadamente recuperar el aliento. «Su presidente. Su presidente», decía una y otra vez. Mis padres recogieron rápidamente las bolsas de playa, los sombreros y las toallas. El pescador corrió a nuestro lado y nos ayudó mientras trastabillábamos en la ardiente arena, corriendo hacia el pequeño muelle y nuestro barco alquilado con fondo de cristal.

Al cruzar la bahía de regreso a Acapulco, nos hicimos a un lado en el agua en el punto donde una estatua de bronce de la Virgen del Mar yacía sumergida bajo las olas. A través del cristal del fondo del barco, vimos un halo de peces amarillos nadando en círculo alrededor de la cabeza de la Virgen.

Cuando llegamos al muelle en Caletilla, Chona, que nos acompañaba en estos viajes a Acapulco, llevó a Barbara, que era solo una bebé, de regreso al hotel. Los demás fuimos a nuestro Peugeot, que tenía radio, estacionado delante del pequeño hotel.

Mi hermano y yo nos sentamos en el asiento trasero con las puertas del auto abiertas de par en par. Nuestra piel se pegaba al cuero rojo mientras sudábamos en el auto húmedo y con un calor sofocante. Me quedé muy quieta mientras observaba a mi padre jalar la larga antena del auto y luego sentarse dentro del coche, mientras ajustaba los botones blancos del radio para encontrar una estación sin estática.

Como mi padre había trabajado para la campaña presidencial de JFK y había estado activo en el movimiento de derechos civiles, a él y a mi madre los habían invitado al acto inaugural en Washington, D.C. Al día siguiente de la toma de posesión, mis padres recogieron un cartel en la calle que había sido desechado por el equipo de limpieza. El letrero decía: «NO ESTACIONARSE TOMA DE POSESIÓN DE JFK». Lo empacaron y lo llevaron a México, donde estuvo detrás de la hilera de zapatos de mi madre en el fondo de su armario durante años. También los invitaron a la gala para JFK cuando este visitó México en 1962.

Mi madre y mi padre lloráron mientras escuchábamos la noticia del asesinato de Kennedy. Sus lágrimas rodaban en sus mejillas por debajo de los bordes de sus gafas de sol oscuras Ray-Ban. Vi cómo los pájaros de la esperanza salían volando de sus bocas.

Los padres estaban en otra parte

Las gemelas Dominica y Marta llegaron de Oaxaca a trabajar para nosotros después de que Aurelia se fuera. Apenas hablaban español. Eran idénticas, con el cabello largo y negro que les llegaba casi hasta las rodillas. Tenían un frasco de vidrio lleno de pequeñas piedras bien negras y guijarritos de un cometa que cruzó el cielo en su pueblo.

Las gemelas decían que su sueño en la vida era visitar a María Sabina, quien vivía en Oaxaca y era considerada la mayor curandera de México. María Sabina fue famosa internacionalmente y se escribieron canciones sobre ella. Era bien sabido que Bob Dylan, Timothy Leary y Carlos Castaneda la habían visitado para vivir sus «noches de hongos». Las gemelas querían comer los hongos de María Sabina y ver a Dios.

Una vez, cuando regresaron de las vacaciones de Semana Santa en Oaxaca donde habían visitado a María Sabina, andaban tan emocionadas que me llevaron a su cuarto y me mostraron un paño amarillo con hongos. De color marrón y gris, los hongos parecían orejas pequeñas, carnosas y arrugadas. Las gemelas dijeron que cuando ingirieron los hongos con María Sabina, ambas se convirtieron en escalinatas de plata.

Una noche, en que mis padres habían ido a una fiesta, las gemelas me dijeron que podía probar un hongo, pero que solo podía darle un pequeño mordisco porque yo era una niña. Yo tenía siete años, la misma edad que María Sabina cuando comió hongos por primera vez.

María Sabina contó, al ser entrevistada años después, cómo llegó a comer los hongos. Un día, cuando ella y su hermana menor cuidaban en la intemperie a las gallinas para que no se las llevaran los halcones o los zorros hambrientos, se encontraron con un pequeño desmonte donde había un brote de hongos marrones. María Sabina dijo que al principio jugaron con los hongos como si estos fueran muñequitos extraños y luego se los comieron y tuvieron visiones. Contó que cuando comieron los hongos, ambas hermanas milagrosamente dejaron de sentir hambre, que sentían siempre, y frío.

Las gemelas me llevaron a la cocina, pusieron un hongo en un plato y lo cubrieron con miel. Lo partieron como si fuera un pastel. Mastiqué el trocito, pequeño como para un ratoncito, que me dio Marta y ellas consumieron el resto. No recuerdo haber tenido una alucinación, pero las gemelas me dijeron que me volví muy apacible y no les hablé durante una hora.

Cuando Chona se enteró, golpeó a Dominica en la cara. El pequeño puño de Chona fue a dar directo a la mandíbula de Dominica. Chona me dijo que nunca se lo dijera a mis padres. Después de aquello, Chona le dio un ultimátum a mi madre: o se iban las gemelas o se iba ella. Mi madre despidió a las gemelas.

Al poco tiempo, en una carta que mi madre mandó a sus padres escribió: «Chona quiere unas vacaciones porque no soporta las miradas y las sonrisas de la gente en la calle». Mi madre pensó que esto era del todo lógico y le dijo que se fuera a su casa y descansara durante un mes entero.

Mis padres estaban en otra parte. Mi padre viajaba todo el tiempo por trabajo a Perú, a Costa Rica, a Nicaragua y a El Salvador. Mi madre colaboraba con muchas organizaciones benéficas y tomaba clases de arte. Cantaba en un coro que visitaba hospitales y orfanatos gubernamentales varias noches al mes.

Mi madre cofundó Pro-Salud Maternal con la Dra. Edris Rice-Wray, quien llegó a México desde Puerto Rico, donde encabezó una tarea innovadora sobre la píldora anticonceptiva. La organización se disfrazaba de lugar de apoyo a la salud de la mujer, pero era una especie de lucha de guerrillas que combatía la doctrina de la Iglesia católica contra cualquier forma de control de la natalidad. El grupo de mujeres organizaba fiestas y galas como fachada para sus actividades de recaudación de fondos, que estaban encabezadas por mi madre. El artista Feliciano Béjar, quien fue un gran defensor de la causa, realizó dibujos para las invitaciones y carteles. Para una de aquellas actividades, llamada Gala del Monstruo Marino, mi madre hizo marionetas de papel maché con peces, caballitos de mar de color turquesa y un pulpo morado de dos metros de alto y largos tentáculos. Mi madre trabajó en estos títeres con Gemma Taccogna, la artista del papel maché nacida en Italia que llegó a México en 1954.

A otro de estos eventos benéficos, que fue una fiesta de disfraces celebrada en el Cosmopolitan Club, mi madre acudió vestida de Ofelia y llevando unas flores marchitas en un pañuelo de encaje. Mi padre fue como Hamlet, portando una calavera de azúcar del Día de Muertos.

Mis padres estaban en otra parte, pero todos los padres estaban en otra parte.

En Acapulco, Ana, que iba al jardín de niños al que yo iba, se ahogó en una piscina.

Dos niñeras, que eran hermanas, también se ahogaron juntas en una piscina de Acapulco y nadie supo con certeza cómo sucedió. La niña de cuatro años a la que debían vigilar también se ahogó.

En San Ángel un niño se ahogó en el estanque del jardín y otro se ahogó en una bañera cuando alguien lo dejó solo para contestar el teléfono.

Teatro Iris

Los fines de semana mi padre nos llevaba a la ópera. El alguna vez majestuoso Teatro de la Ciudad Esperanza Iris olía a orines y a perfume. De noche era un teatro de burlesque y se alquilaba para la ópera y otras producciones algunos días de la semana y para las matinés dominicales. Mientras escuchábamos la música de *Aída* de Verdi o de *Madama Butterfly* de Puccini, el olor a cigarro y al humo de puro del espectáculo del sábado por la noche todavía impregnaba el aire y los pisos estaban sucios. El personal de limpieza se reducía a un anciano que silenciosamente recogía basura o barría con total indiferencia ante el hecho de que la función de ópera ya hubiera comenzado. Incluso teníamos que levantar los pies mientras él barría.

A menudo los domingos íbamos con mi madre a la iglesia anglicana. Mi padre nunca iba a iglesia o a templo alguno a menos que fuera por la celebración de un bat mitzvá o una boda. Mi madre nos llevaba a la iglesia porque pensaba que era bueno para nosotros. Nos decía: «Si no creen en Dios, su responsabilidad es aún mayor».

Las palabras de la Biblia King James penetraron en mí y fueron algunos de los primeros sonidos que aprendí. Sentí fuego y belleza en las palabras. El sonido y la cadencia de los salmos y las palabras rituales de la liturgia se convirtieron en parte de mí. En aquellas mañanas de iglesia, se me obsequió con un inglés paralelo a mi inglés.

Con los ojos vendados

La costurera venía a nuestra casa dos veces por semana. Podía sostener al menos dos docenas de alfileres y agujas firmemente entre sus labios en lugar de usar un alfiletero. Esta imagen me llevó a tener fantasías de cuento de hadas en las que ella se tragaba un alfiler mientras yo la veía hablar sin mover la boca, creando un español de sonidos extraños.

Mi madre supervisaba a la costurera, pues sabía hacer de todo. En la granja, mi madre había aprendido a coser y, cuando era adolescente, hasta podía reproducir vestidos que miraba en el catálogo de Sears Roebuck. En México, para una fiesta, mi madre hizo un disfraz de zorro rojo con una tela de felpa. Añadió una pequeña caja de música cuadrada en la cola del zorro, a la que le daba cuerda y la hacía sonar a intervalos durante la fiesta. La caja de música tocaba el himno nacional de México; era la única caja de música que pudo encontrar en las tiendas del Centro.

A mi madre le gustaba vendarle los ojos a sus hijas cuando hacía las pruebas de confección para que los vestidos fueran una sorpresa. Como esto sucedía temprano en la tarde, cuando volvíamos de la escuela y mi padre regresaba del trabajo él nos hacía compañía.

En la oscuridad del paño que cubría mis ojos, atado alrededor de mi cabeza, yo percibía las diferentes texturas de la tela en mi piel y el pinchazo de un alfiler en mi rodilla por un ajuste del dobladillo o el toque cálido de unos dedos marcando el lugar para los botones a lo largo de la tela en mi espalda.

La mayoría de las veces mi padre se sentaba muy tranquilo o hablaba con la costurera, ya que tenía curiosidad por la vida de los demás. Otras veces, sin embargo, aprovechaba ese momento, en el que sus dos hijas se hallaban muy quietas y con los ojos vendados, para recitarnos poemas o leernos algo.

Mi padre me enseñó un estilo para vivir en el que la literatura y la vida residen juntas y son igualmente importantes. Le apasionaban las obras de Shakespeare y se sabía de memoria muchos monólogos y sonetos. Podía recitar poesía y se esforzaba por memorizar poemas para que se convirtieran en parte de él. Fue ingeniero químico y un excelente matemático e inventó máquinas que están registradas en la Oficina de Patentes y Marcas Registradas de Estados Unidos.

A mi padre le obsesionaba *La muerte de Iván Ilich* de León Tolstoi. Acostumbraba parafrasear las líneas finales en el lecho de muerte de Iván Ilich —el cuestionamiento de la vida vivida— como una manera de decir: «Cuidado, cuidado, ¿qué te preguntarás en el último de tus días?», o recitaba la inolvidable frase de la novela, que dice: «La vida de

Iván Ilich había sido sumamente simple y ordinaria y, por lo tanto, muy terrible».

Mi padre se liaba a puñetazos continuamente. De hecho, golpeaba a la gente en la cara y se levantaba de la mesa tan rápido que su silla caía al suelo. Se limpiaba la sangre con un pañuelo blanco que siempre llevaba en el bolsillo. Le dio una paliza al esposo de nuestra tutora de francés, que era un médico muy conocido, mujeriego y marido muy celoso, ya que había acusado a mi padre de seducir a su esposa.

Una vez fuimos a pescar al lago de Valle de Bravo. Mi padre nos hizo esperar a Barbara y a mí en el muelle durante horas para poder golpear a un hombre que, pasando a toda velocidad en una lancha a motor, había destrozado nuestros hilos de pescar, dejándolos flotando en la superficie del agua. A medida que oscurecía y hacía frío ese sábado por la noche, esperábamos la pelea. Cuando la lancha llegó tierra adentro, mi padre estaba listo, con los puños cerrados y levantados como un boxeador. Su ira llenó el mundo entero.

Una vez, en una cena formal de Navidad para doce en la Ciudad de México, un hombre en la mesa dijo algo racista. Mi padre estaba sentado frente a mí. Puse el tenedor en la mesa. Dejé de masticar y contuve la respiración. Nunca supe cómo podría estallar la ira de luchador callejero de mi padre.

Mi padre colocó su servilleta de lino blanco en la mesa. Apartó su asiento y caminó lentamente hacia donde yo estaba sentada. Luego, muy suavemente, rodeó mi codo con su mano y, con este gesto, me levantó de mi asiento. Salimos de la fiesta sin decir una palabra. El recuerdo de aquel gesto, su mano alrededor de mi codo, es una marca de nacimiento.

Su ira llenó el mundo y su capacidad para enaltecer todo también llenó el mundo. Una vez me contó que en la década de 1940 él y una mujer habían bailado un vals por la Fifth Avenue a las tres de la mañana. Habían bailado el vals desde el apartamento de mis abuelos en la parte alta de la ciudad, frente al Museo Metropolitano de Arte, hasta Washington Square Park: un vals que duró 75 cuadras.

QUÉDATE CALLADA

Tan pronto como aprendí a escribir empecé a componer poemas. Tenía poemas en trozos de papel en una caja rosa de zapatillas de ballet que olía a cuero nuevo. Desde los seis hasta los diez años, mi padre hizo que su secretaria mecanografiara los poemas que yo escribía en una pequeña carpeta de tres anillas. Yo le entregaba mis poemas con mis garabatos de niña y mis palabras, que rimaban perfectamente, volvían por la noche transformados en elegancia mecanografiada. Fue mi primer libro.

Algunos títulos de estos poemas son: «Quédate callada», «Un capitán», «Venecia», «La palabra luna parece la luna» y «Caballo de carrusel».

El poema «Caballo de carrusel» se inspiró en un antiguo caballo de madera azul y rojo que mi madre compró en La Lagunilla y que alguna vez había estado en un carrusel. Mi madre lo hizo instalar en un poste en el desayunador junto a la cocina. Muchas tardes cabalgué hacia cualquier parte lejos de casa en el caballo de carrusel.

En el poema «Quédate callada», escribo sobre la quietud de los objetos: «el silencio de la ventana, el silencio del árbol». En estos primeros poemas, ya sabía que no había ninguna piedra insignificante. Aquí también puedo ver mi temprana y eterna búsqueda de la soledad, hermana del silencio, que no es una carencia dentro de mí sino una falta de algo exterior.

Como compartía dormitorio con Barbara, que George tenía que atravesar para llegar a su habitación, yo nunca podía estar sola. Acostumbraba construir paredes alrededor de mi cama con los lienzos de mi madre.

Una vez le mostré a mi padre mi nombre escrito una y otra vez en dos líneas en un libro de caligrafía escolar.

«¿Cómo es que este es mi nombre? ¿Cómo es que soy yo?», le pregunté.

Mi padre cambió su nombre a los dieciséis años, lo que significaba que necesitaba el permiso de sus padres, tras sufrir violencia antisemita y tal vez un incidente antisemita particular en Nueva York. Nunca nos contó lo que había ocurrido, pero fue algo que se curó con vodka.

«Nunca entenderás tu nombre», me respondió.

LAS LEGENDARIAS FIESTAS INFANTILES

A principios de noviembre, mi madre organizaba una fiesta que era un cruce entre la celebración de Halloween en Estados Unidos y el Día de Muertos en México. Por la mañana nos llevaba a mis hermanos y a mí al cementerio de Milpa Alta para visitar las tumbas el Día de Muertos y luego llevaba a cabo la fiesta infantil al atardecer.

RECETA PARA UNA FIESTA DEL DÍA DE MUERTOS
POR KATHLEEN CLEMENT

Colóquese a los niños en círculo y véndenles los ojos. Explíqueles que se les pasará de mano en mano un cadáver desenterrado de un cementerio.

No le cuenten a los niños esta información secreta:

Las uvas peladas son ojos.

Los espaguetis hervidos son venas.

El cerebro es un pulpo frío comprado un día antes en el Mercado de La Viga.

Los aguinaldos de la fiesta consistían en huevos de carnaval rellenos de confeti, que luego cubrían el jardín durante meses con una alfombra mágica de puntos de papel de colores. Se regalaban cajitas de madera. Cuando abrías la cajita, aparecía una serpiente como de una caja de sorpresas y te punzaba el dedo con una lengua hecha de un pequeño trozo de alambre. A todos nos daban una calavera de azúcar con nuestro nombre escrito con engrudo de azúcar. Como no existía Santa Jennifer, en el mercado nunca se vendían calaveras de azúcar con mi nombre. Cada año mi madre mandaba hacer una especialmente para mí en el Mercado de San Ángel.

La escultora Helen Escobedo interpretaba el papel de adivina. Se vestía con una falda larga, enormes arracadas y un pañuelo amarrado alrededor de la cabeza. En el jardín se instalaba una tienda de campaña hecha con mantas y cada niño podía turnarse para escuchar su fortuna. Helen incluso tenía una bola de cristal que encargó hacer a un soplador de vidrio. Veía cosas asombrosas dentro del cristal negro y verde oscuro.

En una ocasión, en casa de Helen, estaba el escritor Juan Rulfo tomando un café con ella en la cocina. Cuando entré desde el jardín, Rulfo me miró de arriba abajo y no respondió cuando le dije «buenas tardes». Solo asintió con la cabeza ante mi saludo y continuó estudiándome, observando mis ojos azules y mi cabello rubio mientras fumaba un cigarro intermitentemente.

Durante diez años, Rulfo había sido agente de inmigración y su trabajo consistía en buscar extranjeros ilegales que se escondieran en México. Después de un momento, con ironía y casi una sonrisa, me preguntó si era una extranjera ilegal. Me preguntó si tenía papeles de inmigración. Yo solo tenía unos ocho años y realmente no sabía qué responder y la pregunta me incomodó. Dijo que era una lástima pensar que probablemente yo tenía papeles, ya que él deseaba que yo fuera ilegal. Nos explicó a Helen y a mí que, en todos sus años de espionaje, nunca había atrapado a un solo extranjero ilegal y había permanecido en un estado de frustración permanente que lo acompañaría por el resto de su vida.

A partir de entonces, cada vez que lo veía, me preguntaba si estaba segura, realmente segura, de que yo estaba en México legalmente.

La academia Edron

En la academia Edron de San Ángel, un colegio británico que seguía un estricto plan de estudios del Reino Unido, todos los estudiantes se volvían británicos y, para muchos de nosotros, el idioma inglés se convirtió en nuestro destino. En lugar de aprender sobre México, aprendimos sobre la esquila de ovejas, los antiguos peniques y los peniques nuevos, los pesos en stones y las longitudes en pies. Estudiábamos *The Approach to Latin* de Paterson y MacNaughton y aprendíamos las «cantidades» e inflexiones de las vocales mediante la repetición y estudiábamos las teorías en torno a las ruinas celtas.

Uno de los fundadores de la escuela, Edward Foulkes, quien llegó a México con el Consulado Británico, había sido maestro de los llamados hijos «subnormales» de los mineros del carbón en Gales y había quedado horrorizado por la brutalidad física utilizada por los maestros contra los chicos. Quería que nuestra escuela estuviera libre de tensiones y que fuera un lugar donde ningún niño fuera rechazado. Debido a esto, la escuela, fundada en 1963, se llenó de niños que habían sido expulsados de todas las demás escuelas de la Ciudad de México. Un niño, que a los diez años ya era un pirómano experimentado, prendió fuego con ramitas de árboles y flores secas de buganvilia roja, como si estuviera haciendo una fogata, en los baños de la escuela. Algunos de estos niños eran ladrones expertos y por eso sabías que no debías llevar a la escuela nada que realmente te gustara, pues te lo robarían. Había un niño que había sido expulsado de doce escuelas y solo tenía diez años.

Durante el recreo siempre había un partido de futbol. El futbol fue traído a México a principios de la primera década del siglo XX por la familia británica Blackmore, que eran cerveceros de Devon. Habían fundado una de las primeras cervecerías en México a principios del siglo XIX. En la icónica fotografía de Emiliano Zapata y Pancho Villa, tomada por Agustín Víctor Casasola en Palacio Nacional en 1914, aparece al fondo un Blackmore, que era el médico personal de Villa. Muchos años después, me casé con un hijo de la familia Blackmore.

Desde primer grado, estudiábamos a Shakespeare o asistíamos a obras de teatro presentadas por los estudiantes mayores. A los seis años interpreté el papel del hada Grano de Mostaza en una de las producciones escolares de *El sueño de una noche de verano*. El hada Grano de Mostaza solo tiene cinco líneas, que me recité a mí misma durante meses:

Y yo.
¡Granizo!

Grano de mostaza.

Listo.

¿Cuál es tu voluntad?

En la sombra de las sombras

De vez en cuando en el barrio de San Ángel, como si se tratara de una isla en la ciudad, el caos exterior, la espantosa pobreza, la belleza y el terror se colaban al interior.

Una vez, un perro rabioso se acercó directo a la ventana donde yo estaba sentada mirando la calle. Vi la saliva blanca y sus ojos dementes —ojos salidos de un cuadro de Goya, dijo mi madre—.

Los teléfonos sonaban por todos lados en las calles cuando se veía a un perro rabioso. Durante días nuestros padres nos obligaban a quedarnos confinados en casa.

Cada cuadra tenía un centinela nocturno que hacía sonar un silbato cada hora durante la noche para que todos los que se hallaran en sus casas supieran que todo estaba bien. Se convirtió en un sonido reconfortante que acompañaba nuestro reposo y nuestros sueños. Uno de nuestros vigilantes nocturnos, a quien nunca podríamos olvidar porque era muy querido, pero también porque se llamaba Dante Ovidio Pérez, fue acuchillado y asesinado después de trabajar en nuestro barrio durante años.

Conforme fui creciendo, aprendí que la sombra entre las sombras era la terrible brutalidad de la fuerza policial. Sabíamos que había robo, corrupción, tráfico de drogas, trata de mujeres y niñas, tortura y asesinato. Gente que desaparecía.

Aprendimos que nunca se debía mostrar ningún afecto en público o podría haber consecuencias. Se podría recibir una paliza por besarse en un banco del parque, debajo de un árbol o en un coche. La policía judicial circulaba en vehículos Ford Falcon oscuros, camuflados y sin placas, en busca de presas.

La palabra más aterradora que conocíamos era Lecumberri. Este penal era probablemente el peor lugar de todo el país y lo sabíamos incluso antes de que Arturo Ripstein filmara en 1976 su documental *Lecumberri: El Palacio Negro*, en el que registró los sucios baños comunes, escenas de paredes cubiertas de sangre y horrorosas habitaciones para tortura.

BLANCA Y SU POLLO

Si bien nuestra casa estaba llena de literatura universal y libros de arte y filosofía, mis padres eran lectores de literatura mexicana contemporánea. Regalaban *El laberinto de la soledad* de Octavio Paz a cualquiera que viniera a visitar México desde el extranjero. En esta obra, Paz escribió que el estadounidense bebe para olvidar, mientras que el mexicano bebe para confesar. Cuando mi padre bebía, olvidaba y confesaba. Se levantaba temprano y se preparaba un mañanero jugo de naranja con naranjas de Veracruz recién exprimidas, de color casi rojo. El vaso estaba medio lleno para poder atiborrarlo hasta el tope con vodka.

Entre los amigos de mi padre se encontraba la periodista Alma Reed, con quien fundó la sede en México de Democrats Abroad en 1964. Alma era famosa por sus destacados reportajes sobre la historia de Simón Ruiz, un mexicano de diecisiete años que fue acusado injustamente de asesinato en Estados Unidos y condenado a morir en la horca. Su trabajo ayudó a respaldar la ley que hacía ilegal la ejecución de prisioneros menores de dieciocho años. También era conocida por sus artículos a fondo en el *New York Times* sobre el contrabando de objetos prehispánicos mexicanos hacia Estados Unidos para el Museo Peabody de Harvard, que habían sido robados del cenote sagrado de Chichén Itzá.

Mientras trabajaba por encargo para el *New York Times* en Mérida, Alma se enamoró del gobernador de Yucatán, Felipe Carrillo Puerto, cuyos esfuerzos por reconciliar a los mayas yucatecos y el gobierno mexicano después de la Guerra de Castas fueron notables. Conocido como «el Abraham Lincoln de México», pronunció en lengua maya su primer discurso como gobernador. Mientras Alma Reed estaba de regreso en San Francisco en un viaje corto para comprar su vestido de novia, Carrillo Puerto y sus tres hermanos, que no apoyaban una rebelión contra el presidente Álvaro Obregón, fueron ejecutados por un pelotón de fusilamiento de oficiales del ejército rebelde.

El gobernador Carrillo Puerto había comisionado una canción para Alma Reed, que a mi padre le encantaba, titulada «Peregrina». En fiestas o restaurantes mi padre pedía a los mariachis o tríos que tocaran la canción:

Peregrina, que dejaste tus lugares,
los abetos y la nieve y la nieve virginal…

Cuando Alma Reed murió en 1966 sus restos fueron trasladados a Mérida, donde fue sepultada en el Cementerio General. Un grupo de amigos, entre ellos mi padre, contribuyeron a comprar el predio frente a la tumba del gobernador para que ella pudiera ser enterrada con su amante.

En este cementerio hay una lápida con una estatua de piedra de una niña llamada Blanca sosteniendo un pollo. Cuando mataron al pollo mascota de Blanca para la comida familiar, ella murió de pena. La familia decidió enterrar a la niña y al pollo en la misma tumba.

1968

Para todos en México la fecha de 1968 es el repicar de una campana de alerta y un disparo. Fue el año de la masacre de estudiantes por parte del gobierno en Tlatelolco. También era el sonsonete de Angélica María en la radio cantando «Cuando me enamoro» y de The Cowsills cantando «The Flower Girl».

Ese año cinco jóvenes alpinistas, que habían ido a Puebla a escalar La Malinche, decidieron pernoctar en el pueblo de San Miguel Canoa. Los pobladores, incitados por un sacerdote de derechas, creyeron que los alpinistas eran comunistas o ladrones y lincharon a los inocentes jóvenes. Mataron a dos miembros del grupo, junto con dos lugareños, y los tres supervivientes resultaron gravemente heridos. Dos semanas después ocurrió la masacre de más de cuatrocientos estudiantes en Tlatelolco, que eclipsó los acontecimientos de Canoa.

En 1976, Felipe Cazals realizó una película, rodada como si fuera un documental, sobre los hechos titulada *Canoa: memoria de un hecho vergonzoso*. Cuando vi la película en el Centro Universitario Cultural (CUC), con un fotograma inicial que dice "ESTO SÍ SUCEDIO", me pareció más real que la realidad, como algunos sueños son más reales que la realidad.

A lo largo de las horas que estuvimos sentados y viendo la película, fue como si algo que alguna vez tuvimos nos hubiera abandonado. Lo único que quedó allí, en aquella sala de cine, fue un silencio terrible que penetró en todos los espectadores y nunca nos abandonó. Yo tenía que cerrar los ojos constantemente. Sabía que era demasiado joven para ver *Canoa* y sabía que siempre sería demasiado joven.

1968 fue el año de los Juegos Olímpicos en México. Para muchos, cantar el himno nacional durante las Olimpiadas, después de la masacre, fue un canto fúnebre. Por los Juegos Olímpicos, la Ciudad de México se convirtió en un escaparate para el mundo. Casi todos los países enviaron una escultura para representar a su nación, bordeando la avenida principal hacia el estadio olímpico, la villa y la piscina. Todos notamos que la escultura de Francia se parecía a la nariz del presidente Charles de Gaulle.

En las Olimpiadas, los atletas afroamericanos Tommie Smith y John Carlos usaron guantes de cuero negro y levantaron los puños para protestar contra la injusticia racial mientras estaban en el podio luciendo sus medallas de campeones. No llevaban zapatos, solo calcetines negros, para representar la pobreza de los afroamericanos. Martin Luther King había sido asesinado apenas unos meses antes.

Ese día, en la Ciudad de México, después de que el Comité Olímpico Internacional suspendiera a ambos atletas del equipo estadounidense y los expulsara de la Villa Olímpica, Tommie Smith dijo: «Si gano, seré estadounidense, no un estadounidense negro. Pero si hiciera algo malo, dirían que soy negro. Somos negros y estamos orgullosos de ser negros. La América negra entenderá lo que hicimos esta noche».

El desafío y la valentía de estos dos atletas impresionaron a todos y tuvieron amplia cobertura en los periódicos mexicanos. Sus acciones fueron un reflejo de las pancartas que portaban los estudiantes en las marchas semanas antes: «¡No queremos Olimpiadas, queremos revolución!».

En 1983, José González González, que había sido guardaespaldas del jefe de policía de la Ciudad de México, Arturo «el Negro» Durazo, escribió un libro sobre la brutalidad, la corrupción y el miedo constante de aquellos años. El libro se titula *Lo negro del Negro Durazo* y se convirtió en un éxito de ventas. González relata incluso la brutal tortura del Negro Durazo (mediante ahogamiento y el uso de una picana para aplicar una descarga de alto voltaje en los testículos) a Fidel Castro y Ernesto «Che» Guevara en una prisión clandestina en la Ciudad de México en 1956.

México se regía por el Código Napoleónico. Muchos le decían a mi padre que si atropellaba a alguien con su automóvil y la persona resultaba herida, inmediatamente retrocediera y la atropellara nuevamente hasta que muriera. Después, debería irse a toda velocidad y esconder el coche en el garaje durante unos meses. Esto era una broma y no era una broma.

Las leyes mexicanas que convertían en cómplice a cualquiera que ofreciera asistencia a una víctima es una parte importante de la trama de Malcolm Lowry en su novela *Bajo el volcán*. Un hombre ensangrentado y herido yace en la carretera con un sombrero de paja cubriéndole la cara y nadie puede hacer nada para ayudarle: «"No puedes tocarlo, es la ley", dijo tajantemente el cónsul».

Más acerca de 1968

1968 fue también el año en que mi padre se fue de viaje a la Unión Soviética. Nos dijo que iba a realizar aquel viaje para buscar las raíces judías de la familia, que estaban en Ucrania. La primera parada en su itinerario fue Moscú, donde se reunió con el embajador de Estados Unidos en la embajada estadounidense. El embajador dijo que no podían hablar en la embajada porque todo el edificio tenía micrófonos ocultos. Por eso, el embajador lo llevó a pasear por un parque y le dijo que tuviera cuidado con las mujeres, o con los hombres, si parecía que las mujeres no tenían suerte, pues podrían intentar seducirlo y comprometerlo de alguna manera.

Después de la visita a Moscú y Leningrado, como se llamaba entonces, mi padre fue a Odesa para tratar de encontrar documentos sobre nuestra familia, que había sido asesinada en una matanza por envenenamiento de pozo de granja. Mi bisabuelo Silberstein fue el único sobreviviente y huyó, a los catorce años, a Estados Unidos con quince dólares en el bolsillo…, ¿o tenía quince años y catorce dólares en el bolsillo? Nadie se acuerda. Su padre había representado a Odesa en el Primer Congreso Sionista de Theodor Herzl en 1897 en Basilea.

Mi padre regresó de este viaje a la URSS con un samovar, que llevó en su regazo desde Moscú hasta México. También regresó apasionado por el poeta Ósip Mandelshtam:

> He estudiado la Ciencia de las partidas,
> en las aflicciones nocturnas, cuando una mujer se suelta el cabello.

El amigo más cercano de mi padre en México era el periodista Cedric Belfrage, quien también había visitado la Unión Soviética. Aunque habíamos ido a la casa de los Belfrage durante muchos años, fue cuando mis padres finalmente se divorciaron en 1970 que las visitas se hicieron más frecuentes. Pasábamos al menos un fin de semana al mes con mi padre en la casa de los Belfrage en Cuernavaca.

Cedric había huido a México al ser deportado de Estados Unidos después de enfrentarse al Comité de Actividades Antiestadounidenses (HUAC, por sus siglas en inglés) de la Cámara de Representantes y a la prohibición del Partido Comunista. Su casa se convirtió en centro para muchos otros que habían huido, como Dalton Trumbo, Albert Maltz y Herbert Lieberman, así como un lugar de encuentro para escritores y artistas mexicanos. Se alude a Cedric en la novela de Carlos Fuentes, *Los años con Laura Díaz*, donde se describe a este grupo y aquella casa como «un asilo para convalecientes políticos».

Cedric y mi padre hablaban durante horas sobre política y jugaban al ajedrez mientras fumaban cigarro tras cigarro y bebían vodka.

Barbara y yo nos acostábamos sobre una manta en el inmenso jardín, bajo la sombra de una enorme jacaranda. Mary, la esposa de Cedric, nos dotaba de libros para leer y de platos de zanahorias y jícamas en rodajas cubiertas con jugo de limón y sal. A veces la escultora Elizabeth Catlett, que andaba por allí a todas horas, se nos unía debajo del árbol. Nos decía: «Señoritas, sépanlo, ¡tomen una siesta siempre que puedan!».

Elizabeth Catlett fue una escultora y litógrafa conocida por sus obras sobre sus vivencias afroamericanas. Realizó esculturas de personas como Harriet Tubman y Malcolm X y de trabajadores anónimos, así como esculturas de músicos afroamericanos. En 1962 obtuvo la ciudadanía mexicana. En el expediente del FBI sobre Catlett hay referencias a su amistad con Cedric, Mary Belfrage y mi profesora de danza, Waldeen. Su vida en México se describe a detalle e incluye su arresto allí y su apoyo a la Marcha sobre Washington por el Empleo y la Libertad en 1963. Ella, mi padre y otras personas recaudaron dinero en México, que enviaron a los organizadores de la marcha en Washington.

En 2015, Christopher Andrew, historiador oficial de la Agencia de Inteligencia del Reino Unido (MI5), afirmó que su investigación demostraba que Cedric Belfrage trabajaba para el Servicio de Inteligencia Secreto Británico (MI6) y describió a Belfrage como el «sexto hombre» de la red de espías de los Cinco de Cambridge. Más adelante ese mismo año, el historiador John Simkin proporcionó información adicional, que corregía la anterior: Belfrage trabajaba para la Coordinación de Seguridad Británica como agente doble, razón por la cual entregaba información a los soviéticos.

Y muchos años después, mi amiga, la escritora Sara Gay Forden, que vivía a un lado de la Casa Estudio y había interpretado a Hermia en la segunda producción de *El sueño de una noche de verano,* en la que participé interpretando a Helena, me contaría que su padre, que estaba en México bajo cobertura del Departamento de Estado, en realidad trabajaba para la CIA.

En 1996, llevé al poeta estadounidense Yusef Komunyakaa a Cuernavaca para que conociera a Elizabeth Catlett y, justo antes de entrar a su casa, mientras estábamos afuera tocando el timbre, hubo un fuerte terremoto. Nos apoyamos el uno en el otro mientras el suelo se movía y temblaba. Cuando Elizabeth abrió la puerta, le dijo a Yusef: «Así es como México te da la bienvenida».

1969

Mi padre compró nuestro primer televisor en blanco y negro en Estados Unidos y lo trajo a México para que pudiéramos ver el alunizaje. La noche del 20 de julio nos permitieron quedarnos despiertos hasta tarde y ver la caminata lunar narrada por Jacobo Zabludovsky, quien, a las 22:56 horas, dijo con voz casi llorosa: «Él está pisando la superficie lunar… Este es un rayo que divide dos épocas como en medio de un abismo… Detengan sus relojes para siempre…».

Nos enteramos de que el presidente Gustavo Díaz Ordaz había emitido un mensaje que había quedado en la luna, junto con mensajes de otros líderes, en el que equiparaba la conquista de la luna con la conquista de América. ¡Todos pensaron que era lo más ridículo que se había dicho!

Dos meses después los astronautas llegaron a la Ciudad de México. Fue su primera visita desde el alunizaje y fueron recibidos en el aeropuerto con flores y mariachis. Mi padre nos llevó al desfile en su honor en la Avenida Reforma. La multitud era tan inmensa que mi padre tuvo que levantar a Barbara sobre sus hombros para que no se perdiera.

Ahora que teníamos televisión, veíamos principalmente programas mexicanos, pero muchos de los programas de televisión de Estados Unidos estaban doblados al español. A través de *Los pequeños traviesos*, *Los locos Adams* y *La novicia voladora* el mundo de Estados Unidos entró en nuestros hogares. El escritor Álvaro Mutis, quien llegó a México en la década de 1950 huyendo de la dictadura colombiana, fue contratado para hacer el doblaje de *Los intocables* al español.

Gracias a estos programas de la televisión estadounidense, el carrusel de caballos de madera pintados de azul, rojo y amarillo del parque de Chapultepec pronto fue reemplazado por los aerocoches de los Supersónicos, con sus aburbujados y transparentes cascos.

Desde el momento que tuvimos televisor vi telenovelas. A partir de 1969, de lunes a viernes, Chona y yo vimos *Simplemente María* durante dos años. Parecía que todo el país, y toda América Latina, se paralizaba por completo cuando se transmitía esta telenovela. Debido a la demanda, se podía ver dos veces en un día: a las dos y a las siete pm. Si no tenías televisor, ibas a casa de otra persona. *Simplemente María* trataba sobre una joven que llega a la ciudad a trabajar como sirvienta y queda embarazada de un hombre rico de clase alta. Mi novela *Una historia verdadera basada en mentiras* es, en muchos sentidos, un homenaje a *Simplemente María*.

La música, especialmente la procedente de Estados Unidos, pasó a formar parte de nuestras vidas. A Barbara y a mí nos gustaba sentarnos en el Peugeot 403 blanco de segunda mano con asientos de cuero rojo y escuchar la radio

AM por las tardes después de la escuela. El cenicero rebosaba con las colillas de cigarros de nuestros padres y yo solía sacarlas del cenicero, enderezarlas y fingir que fumaba y conducía. Escuchábamos rock en inglés en Radio 590. El locutor armaba competencias del tipo The Monkees contra The Beatles o Creedence contra The Beatles. Uno podía llamar por teléfono a la estación y votar por su grupo favorito.

Barbara y yo nos sentábamos durante horas esperando escuchar nuestra canción favorita, que era el tema de amor de la película *Romeo y Julieta* de Henry Mancini. Habíamos ido al cine Manacar para ver *Romeo y Julieta* de Franco Zeffirelli y aprendimos la terrible lección sobre las consecuencias de un solo error. Si oyéramos esa música durante el tiempo suficiente, tal vez podríamos sacar la tragedia desde nuestros cuerpos cantándola.

La pérdida de dos amigos

Al principio la madre de Ruth María se ausentaba la mayor parte del día de la Casa Estudio porque era una arquitecta reconocida y con otros estableció la escuela de arquitectura de México. Y posteriormente parecía haber desaparecido por completo, ya que tenía que ir a Houston para recibir tratamientos contra el cáncer de mama. Pedro Diego sobrevivió esos años gracias a la compañía de su perro, Chucho, de una rana que vivía en una caja de madera vacía debajo de su cama y de una iguana que muchas veces llevaba al colegio escondida en una maletita. Ruth María pasaba los días conmigo.

La madre de Ruth María y Pedro Diego murió en 1969 a la edad de 42 años.

Se empacaron cajas y maletas. Ruth María y Pedro Diego vieron los dibujos y papeles arquitectónicos de su madre arder en una fogata en un gran contenedor de metal en el patio. Los dos niños abandonaron la casa, donde seguía residiendo su padrastro, y pasaron a vivir de manera alternada entre la casa de su padre biológico y las casas de otros miembros de la familia.

La puerta de la Casa Estudio se cerró.

Perdí a mi amiga. Perdí la sombra del alto árbol de Ruth María. Las tardes se vaciaron de su penar.

Y MÁS COSAS

Después de la muerte de Frida, Diego Rivera dijo: «Había perdido para siempre a mi amada Frida. Era ya demasiado tarde, pero me daba cuenta de que lo más maravilloso de mi vida había sido mi amor a Frida».

Todos nos preguntamos cómo pudo haberse dado cuenta tan tarde y después de tanta vida vivida. Y esto hizo que todos se preguntaran: ¿también aprendemos todo demasiado tarde?

Leyendo árboles

Conforme fui creciendo, dejé de escaparme de casa dando vueltas y vueltas a la manzana. A la edad de siete años, caminaba muchas cuadras hasta donde me atreviera desde la puerta de mi casa. Cuando tenía once años, andaba sola por todas partes.

Mientras caminaba leía los árboles, que eran pergaminos sobre el amor. En cada árbol, y tallados profundamente en la corteza con un cuchillo o el filo de una llave, había corazones con iniciales o nombres, que databan de 1919.

Había un fresno alto que creció frente a la casa donde Rafael Coronel guardaba su colección de máscaras. Aquel árbol tenía la primera línea de un poema tallada en la corteza y girando en espiral alrededor del tronco. Yo tenía que rodear el árbol para leer un fragmento, como un antiguo oráculo, profundamente grabado, era uno de los poemas de Jaime Sabines: «Espero curarme de ti en unos días. Debo dejar de fumarte, de beberte, de pensarte. Es posible».

Las fiestas eran peligrosas

El estudio de arte era un santuario y parecía que todos los maridos en México estaban celosos de Frank.

Frank Gonzales era un pintor y profesor chicano de los Estados Unidos que abrió un estudio de arte en un espacioso inmueble frente a Sanborns de San Ángel. Frank era alto, con tiernos ojos café, cabello largo y barba poblada.

Su estudio era un gran espacio abierto rodeado por un jardín, con un área tipo *loft* al centro donde Frank tenía una cama, un escritorio y su tocadiscos. Aquí tuvo lugar el movimiento Flower Power de los años sesenta en la Ciudad de México. Después de Woodstock, todo el mundo decía que el estudio de Frank era el mini Woodstock.

Por la mañana los artistas tomaban clases o trabajaban en sus piezas y por la tarde el estudio se abría a talleres para niños. Allí tomé clases de elaboración de títeres y de modelaje en arcilla. Frank decía que en su estudio solo había dos reglas: tenías que terminar lo que habías empezado y tenías que limpiar. Le gustaba decir, como una especie de lema: «No hace falta hablar, basta con ser uno mismo».

Todo el tiempo se oía a Los Beatles, junto con Jimi Hendrix y Janis Joplin. Si Marcos, el hijo de Frank, estaba presente, «White Rabbit» de Jefferson Airplane sonaba sin parar.

Todas las chicas querían correr hacia Marcos y huir de él. Era un imán para el mal comportamiento. Nunca lo miré a los ojos porque sabía que me atraparía.

En el jardín cubierto de maleza había peligro. El aire se impregnaba del humo de marihuana y, como descubrí más tarde, también se hacían muchos viajes con ácido.

Un día Marcos decidió que mi hermana y yo seríamos los jardineros. Lo dijo ceremoniosamente. Estuvimos de acuerdo sin lugar a dudas.

Siempre que Barbara y yo estábamos en el estudio, teníamos que sentarnos a su lado bajo un gran pirul mientras él sacaba un paquete de marihuana enrollado dentro de un periódico. Colocaba el paquete sobre su regazo y limpiaba las semillas y los palitos del alijo. Luego, a Barbara y a mí nos encargaba plantar las diminutas semillas de marihuana de color marrón verdoso por todas partes. Con el tiempo, vimos cómo las plantas brotaban entre las bocas de dragón moradas y el confeti de fiesta que siempre las salpicaban de verde, amarillo y azul.

Extraños

Mi madre metía a gente de la calle a nuestra casa. En una carta a sus padres, escribe sobre las dos sirvientas que contrató para lavar la ropa y que eran trabajadoras sexuales. Habían pasado horas sentadas bajo una de las palmeras afuera de la casa, desesperadas por encontrar trabajo. El argumento de mi madre para contratarlas en la carta era: «No son las prostitutas más guapas que se hayan visto».

El hábito de mi madre de acoger a extraños fue algo que se hizo aún más patente después de que ella y mi padre se divorciaron. Un día, en las escaleras de entrada al Sanborns San Ángel, mi madre conoció a un padre con su hija de la India que habían venido a México para recibir atención médica. La hija tenía quistes amebianos en el cerebro que le provocaban convulsiones. Las convulsiones y los tratamientos eran el motivo de que su cabello se tornara gris, lo que preocupaba mucho a su padre, ya que decía que nadie en la India querría casarse con su hija. Mi madre los llevó hasta donde estaba su auto, los trajo a casa y vivieron con nosotros por más de un año mientras la hija recibía sus tratamientos.

Una vez vino a trabajar con nosotros un carpintero para ayudar a mi madre a construir marcos y estirar sus lienzos y, en la primera semana, el hombre se quejó de un terrible dolor en la garganta. Mi madre fue al mercado y compró una pequeña linterna. Luego le auscultó la boca, donde pudo ver un trozo de escarbadientes de madera clavado en una amígdala. Mi madre pagó la delicada operación para quitarle el palillo. Después de esto, el carpintero le confesó a mi madre que había matado a alguien. Trabajó para ella y vivió con nosotros de forma intermitente durante una década.

Mi madre también acogió a Andrea, la hija de Helen Escobedo, cuando la niña tenía solo tres o cuatro años, la misma edad que Barbara. Esto sucedió gradualmente, ya que Helen viajaba mucho, e incluso cuando estaba en México andaba en otros lugares. Andrea se convirtió en otra hermana y dormía en la cama con Barbara. Le decía a mi madre «mamá».

Todos los animales amaban a Andrea. Si íbamos a la tienda de mascotas, las tortugas salían de sus caparazones para mirarla. En el jardín, los pájaros volaban cerca de ella y se posaban en sus hombros o su cabeza, como si fuera una estatua de San Francisco de Asís. Solo Andrea podía acariciar a nuestro feroz cuyo. Los perros callejeros la seguían en nuestro trayecto matutino a la escuela. Un domingo por la tarde una bandada de loros salvajes cruzó el cielo sobre nuestro jardín. Todos sabíamos que esto se debía a que Andrea dormía una siesta encima de una manta en el pasto donde una vez estuvo el árbol de aguacate antes de ser derribado por una tormenta de nieve en 1967, la última nevada en la Ciudad de México. Como sucedió en el cuarto cumpleaños de Barbara, de ahí en adelante: «Acuérdate de cuando nevó…», era el estribillo de Barbara, como si esa noche la nieve hubiera caído para ella.

Chona se casa con Fidel

Chona se casó con el bueno para nada y guapísimo Fidel, que siempre estaba masticando una ramita y deseando que fuera un cigarro. Mi madre no podía permitirse el lujo de que ambos trabajaran para nosotros, así que se fueron a trabajar para Juan y Helen O'Gorman. Juan y Helen se habían casado y divorciado tres veces. Frida y Diego se habían casado y divorciado dos veces. Estos matrimonios y divorcios me fascinaban y me mantenían haciendo cuentas. El artista José Luis Cuevas, a quien le gustaba pregonar que como amantes prefería a las mujeres casadas, de hecho, se casó con su segunda esposa quince veces en todo tipo de ceremonias, entre ellas una celebración maya.

Cuando Chona se fue a la casa de los O'Gorman, la vi empacar todas sus cosas. Había estado con nosotros durante diez años y para toda mi vida. Estaba perdiendo a mi madre, a mi mejor amiga y hasta mi alfabeto. Era la única persona en el mundo que me necesitaba.

Los O'Gorman vivían en San Ángel, en la calle Jardín, a una cuadra de mi casa, lo que significaba que podía ir a pie a visitar a Chona cuando quisiera. Los O'Gorman me acogieron como parte de la familia y yo podía ir y venir cuando quisiera.

En el jardín de los O'Gorman, que era agreste y estaba cubierto de orquídeas enredadas a los árboles por el jardinero Apolinar, Chona me consoló y me abrazó cuando le conté que mis padres se iban a divorciar. Justificaba a mi padre diciendo que él nunca se había recuperado de la muerte de su madre ocurrida un año antes. La pérdida de su madre, la pérdida de su afecto constante, lo dejó permanentemente desamparado, en busca de ella, y desde entonces siempre se vistió de negro, incluso si vestía con otros colores.

Juan O'Gorman decía: «México, para mí, representa el amor y la paz y todo lo que es magnífico y maravilloso en el mundo».

Muchos años después, en 1982, fue en esa casa donde Juan se suicidó. Mi madre decía que a Juan le gustaba especular sobre cómo se suicidaría y estaba absolutamente seguro de que no habría falla. Nadie lo tomaba en serio.

Juan se suicidó ahorcándose, disparándose y bebiendo veneno un día en el que no había nadie en casa.

Mi madre escribió un largo poema dedicado a la esposa de Juan y su querida amiga, Helen, llamado «El ocaso del pintor», sobre el suicidio de Juan, que comienza:

No en el pasillo
sino colgándose de su árbol favorito
en el jardín de orquídeas.

Esos parásitos pesaban mucho en la sangre de la mañana.

Rojo, lavanda, verde delicado y pálido.

Como sabor a potente cianuro…

Las fiestas del Imperio de la Ilusión

Al lado de la casa de los O'Gorman en San Ángel vivían el pintor Carlos Tejeda y su esposa Mercedes. Carlos pintó retratos de la mayor parte de la alta sociedad mexicana de las décadas de 1950 y 1960, así como grandes paisajes del campo mexicano. Tenían una hija, Silvia, que se convirtió en mi fiel amiga una vez que Ruth María dejó la Casa Estudio tras la muerte de su madre.

La casa de los Tejeda era sombría y olía fuertemente a cera de petróleo, que se usaba para pulir los pisos de piedra negra. Para llegar al gran jardín, yo tenía que pasar por el comedor donde había un enorme retrato que Carlos había pintado de Mercedes, ataviada con un vestido de terciopelo rojo intenso que parecía iluminado por las llamaradas de un incendio. La imagen era un altar para ella. La historia de amor de Carlos y Mercedes fue legendaria y ella tenía en su dormitorio muchas cajas de zapatos llenas con las cartas de amor de él.

A los dieciocho años, Mercedes se había casado con un hombre acaudalado mucho mayor que ella, que era su jefe en la empresa que fabricaba Pomada de la Campana. Cuando Silvia le preguntó a su madre por qué se había casado con alguien a quien no amaba, Mercedes respondió: «Nunca dije que sí, pero dejé de decir que no».

Casada y con un hijo, Mercedes conoció a Carlos en las legendarias fiestas celebradas en casa de Federico Sánchez Fogarty, quien se parecía a Salvador Dalí, con los ojos de plato y un bigote largo y fino que se alejaba de su rostro como las antenas de un insecto. A estas fiestas se les conocía como los «Grandes Sábados» y las «Fiestas del Tercer Imperio» o «Fiestas del Imperio de la Ilusión» y hasta Salvador Novo escribía de ellas en los periódicos, bajo el seudónimo de Carmen Reyes. Sánchez Fogarty tenía todos los discos de éxito de la época y simulaba ser director de orquesta frente al tocadiscos portando una batuta, que era uno de los pinceles de José Clemente Orozco.

Mercedes me contó que la noche que ella y Carlos se conocieron en una «Fiesta del Imperio de la Ilusión», él la invitó a bailar en una sección de la casa llamada «La Laguna Durmiente». En el tocadiscos sonaba «Tuxedo Junction» de la Glenn Miller Orchestra. El baile entre Mercedes y Carlos se volvió tan fogoso que el celoso marido se acercó a la pareja e interrumpió el baile. Mercedes me contó que su marido la agarró de la muñeca y, en un susurro subido de tono como una bofetada, le dijo: «¡Basta! ¡Basta! ¡Ya estuvo!».

Silvia, producto de esta historia de amor, era siete años mayor que yo. Sonreía como si hubiera nacido con un pozo de risa en su interior y, desde adolescente, tenía fuertes líneas de expresión alrededor de los ojos. El sueño de Silvia de convertirse en concertista de piano quedó truncado cuando un automóvil en el que viajaba fue arrastrado por el tren de Cuernavaca en el cruce de Las Flores. Sobrevivió al accidente, pero su mano izquierda quedó como un gorrión malherido y sin alas que nunca volvió a abrirse. Por eso Silvia fue cómplice de mi constante rebelión. Ella sabía que muchos trenes estaban por venir.

Cuando yo tenía once años Silvia me ofreció cigarros y cuando tenía doce, marihuana, y me prometió que pronto conseguiríamos peyote, lo cual nunca sucedió, pero su promesa quedó ahí como un sueño perenne. Cuando le conté que años antes dos hermanas oaxaqueñas que habían trabajado en nuestra casa me habían dado a probar unos hongos alucinógenos, Silvia consideró que se trataba de un rito de iniciación importante en mi vida.

A Silvia le encantaba mi poesía y fue mi primera lectora. Incluso conservó copias de mis poemas en el cajón del escritorio de su dormitorio. Cada vez que nos reuníamos, quería que le llevara un poema nuevo. Era casi una condición para verla.

Mercedes era una médium practicante y asistía a las sesiones de espiritismo en la casa de los Bannister. Fue Mercedes quien me habló de los médiums, la hipnosis y la comunicación con el mundo de los espíritus. Las artistas surrealistas Leonora Carrington y Remedios Varo también se involucraron en estas prácticas durante un tiempo, pero Mercedes nunca claudicó.

Silvia no se interesaba en la obsesión de su madre, pero a mí me gustaba sentarme en el jardín con Mercedes mientras me contaba las experiencias que había tenido durante las sesiones espiritistas. Mientras hablaba conmigo, éramos constantemente interrumpidas por su pequeño ejército de jardineros yendo y viniendo. Mercedes trabajó como paisajista y creó algunos de los jardines y patios interiores más bellos de la Ciudad de México.

Mercedes y yo nos convertimos en cómplices en el mundo de los fantasmas.

Yo tenía solo doce años cuando fui con Mercedes a la casa Bannister, donde había tomado mis primeras lecciones de ballet, para participar en una sesión. John Lovett, el más destacado médium de Inglaterra según todo el mundo en México, me sometería a una hipnosis lúcida, me explicó Mercedes. Era un hombre de baja estatura, amable, vestido con traje gris tradicional y corbata, que parecía un banquero o un hombre de negocios. Era de voz suave y caballeroso. Cuando entré en la sala se puso de pie para saludarme. Cuando me tomó la mano me dijo que yo era escritora.

Mercedes me acompañó de regreso a casa por las calles de San Ángel. Tomó mi mano entre la suya. «Aunque no creamos nada de esto, pasamos un día divertido, ¿no crees?», dijo. Y luego añadió, mirando los pirules que crecían a lo largo de las calles adoquinadas, las buganvilias y las enredaderas que bordeaban las casas: «En esta vida hay que inventarlo todo. Esa es la única manera de sobrevivir. ¿Sabes a qué me refiero?».

«Sí», respondí. Ya había aprendido a no dejar que la realidad se interpusiera en mi camino.

Como una bomba que parte

Mi madre asistía a los seminarios impartidos por Toby Joysmith, quien era pintor, docente, crítico de arte y experto en los muralistas de México. Fue seguidor de Peter D. Ouspensky y daba conferencias sobre su filosofía. Mi madre asistía a estas conferencias, había leído la mayoría de los libros de Ouspensky y tenía cuadernos llenos con algunas de sus citas junto con sus propios bocetos. Una cita que repetía con frecuencia era: «Todo arte verdadero no es más que un intento de transmitir la sensación de éxtasis». Además, mi madre comenzó a asistir a las Sesiones de Control Mental Silva varias veces por semana y a conferencias impartidas por Erich Fromm acerca de la libertad y la pertenencia.

Estas influencias, junto con el tiempo que pasó en el estudio de Frank, fueron el comienzo del cambio de mi madre y su alejamiento de mi padre, que bebía más que nunca. Mis padres finalmente se divorciaron y mi padre se marchó. Barbara recuerda su partida con sus trajes todavía en las perchas echados sobre el hombro. Y, poco después, enviaron a mi hermano a un internado cuando tenía trece años.

Después de que mi padre se fue, ya no hubo billetes de lotería por toda la casa. A mi padre le gustaba colocar los billetes como sorpresa entre las flores dentro de los ramos que compraba para mi madre.

Una vez terminado aquel matrimonio tradicional, mi madre tomó la decisión de ser una artista comprometida. Nunca tuvo empleo. Se rehusó a dar clases de pintura o dibujo. Se negó a dar clases de inglés o ayudar en el sustento de sus hijos y todo lo que tuvimos fue gracias a mi padre, cuya situación siempre fue inestable.

Mi madre nunca nos compró ropa ni zapatos ni nada de nada y vivía solo de los cuadros que vendía. Este fue un pacto de dimensiones extraordinarias consigo misma. Se mudó a una casa que estaba a medio construir y que era casi inhabitable, no tuvo estufa de gas durante años y usaba un sartén eléctrico en el que hervía agua para café o té.

A pesar de la austeridad que la rodeaba, todavía iba a los depósitos de chatarra locales en busca de materiales que pudiera comprar para construir poco a poco su casa. Influenciada por el arquitecto Manuel Parra, uno de los máximos arquitectos de México, quien creó una nueva visión reciclando piezas de casas demolidas, compró pisos de mármol italiano de una mansión demolida en la avenida Insurgentes para el piso de su ruinosa casa.

A mi hermana y a mí nos asombraba y horrorizaba su decisión mientras comíamos plátanos magullados y ennegrecidos y bebíamos leche en polvo, comprada en latas grandes, mezclada en un vaso con agua. El refrigerador estaba vacío.

Abríamos la gran puerta blanca y veíamos un frasco frío de mantequilla de cacahuate, mermelada de fresa Clemente Jacques y pan blanco Bimbo y nada más. Mi hermana y yo dormíamos con el escándalo de los golpes y martillazos de mi mamá al hacer sus propios marcos de madera para los lienzos después de acostarnos.

Mi madre pintaba todo el santo día y hasta bien entrada la noche, como si estuviera recuperando el tiempo perdido o como si corriera hacia un tren o huyera de la granja de Nebraska para refugiarse en un lienzo. A una exposición de arte iba vestida impecablemente, aunque en todo el día solo hubiera comido media manzana y un plato de hojuelas de maíz.

Pintó las flores silvestres que encontraba en el campo alrededor de la ciudad y, a menudo, en el antiguo camino a Cuernavaca. Pintó los páramos de cosmos en el campo, así como malezas, pastos, magueyes y al *oceloxochitl*, conocido como lirio tigre. Pintó las plantas que encontró en los lotes baldíos de la ciudad en busca de la flora original del valle de México, además de reinterpretar el arrobamiento visual de enredaderas de buganvilias y jacarandas.

La receta de mi madre para elaborar el color azul jacaranda:

> *Grumo de dioxacina violeta*
> *Grumo de violeta intenso*
> *Grumo de violeta prisma*
> *Dos grumos ultramarinos o el más azulado del azul Windsor (no necesariamente Windsor Newton)*

Luego blanco en distintas porciones, de ser posible
mezclados también con gel medio

En esa época, mi madre también se convirtió en una fotógrafa consumada, por lo que no solo podía pintar los campos de flores silvestres de México en peligro de extinción, sino también registrar la flora del valle en fotografías.

Como mi madre también era costurera, aprovechó sus conocimientos de costura y bordado para su arte y cosía directamente sobre el lienzo. Muchas de estas obras se inspiraron en diseños de telas de México, India y África, y en la tradición de confección de colchas en Estados Unidos.

Cuando mi padre se fue de casa, mi madre les escribió a sus padres: «Fue un alivio que él saliera por la puerta. Como una bomba que parte».

El arte era lo primero y esta ética, más una ética de la pasión que una ética del trabajo, fue aleccionadora.

Casi una década después, mi madre se iba a casar con un hombre rico y de prestigio en el barrio. Dos días antes de la boda, con un gran diamante en el dedo, un collar de perlas Mikimoto en el cajón de su tocador y un vestido de delicada seda rosa colgado en su armario, mi madre canceló la ceremonia.

Gene, la esposa del pintor Gunther Gerzso, le llamó a mi madre presa del pánico y le dijo: «Kathleen, no puedes hacer esto. ¡Ya se hicieron todos los preparativos!».

«Sí puedo», respondió mi madre.

«No, no puedes».

«Oh, sí puedo».

Así estuvieron, hasta que mi madre finalmente dijo: «¡Nunca volveré a pintar!».

Más tarde ese mismo día, Gunther llamó a mi madre y le dijo: «Escúchame, nunca dejes que nadie intente hacerte cambiar de opinión. No te cases con él».

Mi madre nunca miró hacia atrás, a lo que la vida pudo haber sido.

IX CENSO GENERAL DE POBLACIÓN DE MÉXICO 1970

CUESTIONARIO PARA EL PUEBLO:

Rubro Calzado:
1. ¿Usas zapatos?
2. ¿Usas huaraches?
3. ¿Siempre andas descalzo?

Rubro Alimentación:
1. ¿Qué comiste la semana pasada?
2. ¿Comes carne?

Rubro para Mujeres de 12 años en adelante:
¿Cuántos partos ha tenido en los que el bebé haya nacido vivo?

EL SUEÑO DE UNA NOCHE DE VERANO

A finales de 1960 se fundó, en San Ángel, Los Jóvenes Unicornios, una compañía de actuación para niños. En una producción de *El sueño de una noche de verano*, interpreté a Helena a la edad de once años y, a los nueve, Barbara interpretó a Puck.

Las palabras me colmaron cuando me enamoré del chico que interpretó a Demetrius y él me correspondió.

Entramos en el lenguaje de los mayores en los cuerpos de los niños.

Le escribí poemas.

Décadas más tarde él me contó que había quemado mis palabras escritas en tinta a los once años sobre tú, yo y el amor, en una pequeña fogata en el jardín con hojas y pasto seco cuando la obra terminó y yo ya no quería pasar tiempo con él.

Aún puedo recitar de memoria las palabras de Helena. A veces me las digo en voz alta, como una novia que se prueba su viejo vestido de bodas y sus perlas para ver si todavía se sienten como nuevos.

En las palabras que Shakespeare asignó a Helena, yo estaba aprendiendo quién podría llegar a ser:

Corre si quieres, se invertirá la historia.
Huirá Apolo y Dafne le dará caza.
La paloma persigue al buitre;
la gacela corre para atrapar al tigre –vana carrera
cuando huye el valor y persigue el miedo.

Nada entró y nada salió

Las calcetas mexicanas casi no tenían elástico, por lo que teníamos que sujetarlas doblándolas con ligas de hule que nos enrollábamos hasta las pantorrillas por debajo de las rodillas.

Todo en México parecía ser de segunda mano y reciclado. Hasta el Tratado de Libre Comercio de América del Norte en 1994, México estaba mayormente cerrado al comercio con otros países. Cuando las personas que habían trabajado para una empresa extranjera o en una embajada se marchaban, todo mundo intentaba comprarles las cosas que vendían u obtener las cosas que regalaban. La gente compraba coches y electrodomésticos de segunda mano incluso si muy pocas cosas pudieran repararse, debido a la falta de conocimientos prácticos o porque no había piezas de repuesto.

Si alguien viajaba a Estados Unidos, hacíamos una lista de compras. Mi madre pedía focos porque los de aquí se fundían en un día. Yo pedía acondicionador para el cabello, que se comercializaba a principios de los años 1970 y venía en tubos metálicos como si fueran pintura. Por primera vez, pude deshacerme los nudos de mi pelo rizado. Antes tenía que cortármelos con tijeras.

No había productos de diseño, televisores, equipos de música ni juguetes de moda. Dependíamos de los artículos de contrabando encontrados en el Mercado de la Lagunilla o de la amabilidad o corrupción de un agente de aduanas para introducir cosas al país. Uno se la jugaba para ver si un agente de aduanas te detenía o te dejaba entrar con mercancía ilegal. Lo que confiscaban a menudo se vendía en el mercado negro. Había infinidad de historias sobre la reventa de algo que uno había intentado traer a México en un puesto del mercado de fayuca. A veces el agente de aduanas mismo te decía dónde podías acudir para recomprar todo lo que te habían confiscado.

Después de que mi padre dejó su trabajo para quedarse en México, trabajó para una compañía sueca y luego, en 1970, con un préstamo bancario y ahorros, construyó una pequeña fábrica que producía casquillos. En México, los casquillos de los lápices, que son la pieza metálica que une el lápiz al borrador, estaban tan mal hechos que siempre se separaban. Los escolares utilizaban pequeños monederos en los que llevaban las chatas gomas de borrar de color rosa para no perderlos. Mi padre comenzó a fabricar casquillos que funcionaban y sujetaban firmemente el lápiz y el borrador. Los casquillos eran de color rojo brillante, azul, plateado y dorado y solíamos hacer cadenas con ellos para colgarlas alrededor del árbol de Navidad.

Poco después de que los comercios distribuidores de lápices hicieran sus primeros pedidos, mi padre recibió amenazas y advertencias. Al principio las amenazas consistieron en llamadas telefónicas. Entonces los pedidos de materiales que él necesitaba no llegaban o eran robados de los camiones camino a la fábrica. Un día apareció un orificio de bala en su coche, por encima del neumático delantero derecho. Dos días después hubo otra bala, que encontramos alojada en el motor. Todavía tengo las dos balas.

Y entonces, un domingo por la noche, casi a las dos de la madrugada, mi padre recibió una llamada urgente de un vigilante nocturno. Cuando mi padre cruzó la ciudad, quienes dirigían el monopolio de los casquillos de lápiz en México habían quemado hasta los cimientos la pequeña fábrica de mi padre. Todo lo que quedó fue un mar de metal fundido azul, verde, rojo, dorado y plateado.

Quizá porque había trabajado para una empresa sueca, o quizá gracias a JFK, mi padre entró en contacto con las ideas de Dag Hammarskjöld, a quien admiraba mucho y cuyo libro *Markings* siempre tuvo cerca. Kennedy había dicho, después de la muerte de Hammarskjöld en un accidente aéreo: «Ahora me doy cuenta de que, en comparación con él, soy un hombre pequeño. Él fue el mayor estadista de nuestro siglo».

Después de que se quemara la fábrica, mi padre aludió a Hammarskjöld y dijo a sus hijos: «Nunca, en nombre de la paz y la tranquilidad, nieguen la experiencia propia o sus convicciones».

Pachita

El título de un poema escrito a los trece años: «No sé nada sobre pedir deseos».

Mi profesora de literatura inglesa y francesa en el Edron, la señora Elisabeth Pardo, a quien yo llamaba Madame Pardo, me animaba a escribir y pasaba horas después de la escuela repasando mis cuentos y poemas. Durante más de dos años, fui a su casa y nos sentábamos en su cocina a tomar chocolate caliente mientras ella leía mi trabajo.

Madame Pardo no pudo tener hijos. Alguien le dijo que fuera a ver a Pachita. Cuando me dijo que iría sola, me ofrecí a acompañarla.

Pachita fue cirujana psíquica y es considerada una de las más grandes chamanas de México. Nació en 1900 y murió en 1979. Al contar de su don a los biógrafos y periodistas que estudiaban su vida, dijo que quedó huérfana desde muy joven y fue criada por un hombre afrodescendiente llamado Charles, quien le enseñó sobre plantas medicinales y también le reveló cómo leer las estrellas. Dijo que la primera experiencia que tuvo con sus poderes fue cuando curó a un elefante enfermo en un circo. En sus primeros años, se alistó en las filas de Pancho Villa durante la Revolución mexicana. Había trabajado en un cabaret, vendido billetes de lotería en la calle y una vez trabajó como cantante en el transporte público.

En sus trances, que le permitían sanar y operar, Pachita decía que estaba poseída por el espíritu de Cuauhtémoc. Los viernes en la colonia Roma de México, la gente hacía fila durante horas para verla. Había ricos, políticos y la gente más pobre del país haciendo cola para esperar su turno. Sus cirugías, entre ellas extirpaciones o trasplantes de órganos, siempre se realizaban con el mismo cuchillo de cocina cuyo mango estaba envuelto en cinta aislante negra. Nunca quedaban cicatrices ni heridas en la parte del cuerpo del paciente que había sido abierta.

El extraordinario don de Pachita fue estudiado por muchos, entre ellos Jacobo Grinberg-Zylberbaum, psicólogo y uno de los científicos más importantes de México, desaparecido misteriosamente en 1994; Alejandro Jodorowsky, el cineasta de vanguardia que formó algunas de sus propias ideas sobre la psicomagia basándose en sus experiencias, y el escritor Carlos Castaneda.

Tuvimos que hacer fila durante más de dos horas para siquiera poder entrar a la sala de espera. En la larga cola, había dos niños pequeños en sillas de ruedas delante de nosotros y un anciano tan desmejorado que tuvo que sentarse en la fría banqueta mientras la cola se alargaba detrás de nosotros. Incluso había un Cadillac largo, negro y brillante conducido por un chofer y con un hombre acostado en el asiento trasero. Todos intentaron mirar por las ventanillas polarizadas para ver si se trataba de un actor famoso o un político.

La sala de espera era pequeña, con un sofá en una esquina y unas cuantas sillas plegables. A la izquierda había una puerta por donde entraba la gente para ser tratada. Vi cómo los dos niños que entraron a ver a Pachita en sillas de ruedas salían de pie después de la consulta.

Cuando llegó mi turno, me llamó un hombre muy alto y calvo que era el hijo de Pachita, Enrique. Entré en una pequeña y lúgubre cocina que estaba iluminada por una vela. La habitación olía fuertemente a una mezcla de colonia de naranja y humo de copal quemado. Pachita se hallaba sentada en un taburete junto al lavabo y, con el brazo izquierdo extendido, se apoyaba en un bastón. Era vieja y ruda, con una cabellera seca y gris. Con una fuerte voz masculina, me preguntó qué me ocurría. Le inventé que estaba teniendo problemas para concentrarme, porque creía que sería un buen trastorno si uno no estuviera realmente enfermo. Ahora sé que la concentración es una especie de devoción.

Pachita me dijo que caminara hasta quedar frente a ella. Luego me restregó los brazos y el cuello con un huevo blanco mientras hablaba en náhuatl. Acto seguido, le entregó el huevo a Enrique, quien lo frotó por mi espalda y por la parte delantera y trasera de mis piernas. Rompió el huevo en un vaso de agua y acercó el vaso a la vela. La yema amarilla y la clara flotaban en el agua como una medusa marina.

Como remedio a mis problemas de concentración, me dijo que fumara al menos cinco cigarros al día.

Era medianoche cuando regresamos a San Ángel en silencio por las oscuras calles de la Ciudad de México, que casi no tenían alumbrado público. Cuando llegamos a mi casa, Madame Pardo estacionó el coche junto al portón negro, entre las dos palmeras, y apagó el motor del vehículo.

Dijo que Pachita le había dicho que no se preocupara y que no deseara tener hijos, pues ya tenía cinco en su vientre. Pachita lo sabía todo y era una gran chamana. Madame Pardo había tenido cinco abortos espontáneos.

Unos años más tarde, cuando Barbara tenía doce años llevó por su cuenta a mi padre en un taxi a la colonia Roma para ver a Pachita. Pero ni siquiera Pachita pudo curar todos los daños que surgen del alcoholismo.

La cárcel de Santa Martha

La novia de mi padre, Ann, que era psicóloga, brindaba asesoramiento gratuito a mujeres extranjeras en cárceles mexicanas. Barbara, a los diez años, y yo, a los trece, acompañábamos a Ann y a mi padre en aquellas visitas a la cárcel de mujeres, donde conocimos a internas extranjeras, en su mayoría del Reino Unido, Estados Unidos y Canadá.

Cuando llegábamos a la cárcel, teníamos que mostrar una identificación y luego caminar, uno a la vez, a través de un pasillo largo y oscuro donde las paredes estaban pintadas de un color café aceitoso. Luego un guardia de la prisión nos cacheaba en un pequeño baño. El gran pastel de chocolate de tres capas que llevábamos a las presas en cada visita era apuñalado varias veces con un cuchillo o perforado con una percha de alambre para asegurarse de que no hubiera contrabando horneado en su interior.

Aquellas mujeres se hallaban en la cárcel por tráfico de drogas, excepto una que había matado a su amante mexicano. Una inglesa había intentado contrabandear drogas escondiéndolas en las suelas de sus zapatos de plataforma.

Barbara y yo hacíamos el papel de anfitrionas mientras andábamos por la zona de visitantes de la cárcel ofreciendo trozos de pastel a las presas y a los guardias.

Algunos ritos de iniciación solo tienen significado si se miran en retrospectiva. En 2012, pasé un tiempo en la cárcel de mujeres Santa Martha Acatitla mientras investigaba para mi novela *Ladydi*, sobre el robo de niñas en el estado de Guerrero. En mis notas escribí: «Aquí los tatuajes de flores huelen a flores».

Los tiempos de la maleta compartida

Después del divorcio, a menudo mi padre nos llevaba los fines de semana a Valle de Bravo, al suroeste de la Ciudad de México, donde rentaba una pequeña casa de pueblo. En uno de aquellos viajes, mi padre nos llevó a Barbara y a mí a nuestra primera pelea de gallos. Aunque desde pequeña me habían llevado a las corridas de toros, nunca había ido a una pelea de gallos. No eran ilegales, pero atraían a bandas criminales, ya que las apuestas en las peleas eran una buena táctica para lavar dinero.

La gallera era un terreno sucio y polvoriento en las afueras del pueblo, con sillas plegables oxidadas dispuestas en círculo y algunos roñosos perros callejeros en un rincón. A un lado había un congelador cuadrado rojo que contenía Coca-Colas. Al lado del congelador había una mesa con tres botellas grandes de ron. Muchos de los hombres bebían cubas libres marrones y gaseosas en vasos de plástico para fiestas.

Primero, las aves de intensos colores fueron pesadas en un rincón oscuro y luego llevadas al centro del improvisado cuadrilátero. Cuando las arrojaron una contra la otra para iniciar la pelea, pude ver los afilados ganchos de acero atados a sus espuelas brillar en una ráfaga de plumas volando.

A mitad de la pelea, las aves vomitaron bilis y apenas podían sostener la cabeza. La única que quedó viva, aunque con pinchazos y mutilada, siguió picoteando el emplumado cadáver durante unos minutos. Luego salió del claro, arrastrando sus plumas mientras los garfios metálicos de sus garras dejaban un rastro en la tierra. Un escuálido perro callejero, que había estado observando desde un rincón, corrió rápidamente hacia adelante, abrió sus grandes mandíbulas y trituró el desorden de plumas rotas. Alguien dijo: «Qué fácil es morir».

En aquellos años yo iba a Valle de Bravo a las fiestas que se hacían en Barranca Fresca, el rancho de John Finny. Era un irlandés que había llegado a México en 1968. Era difícil llegar a Barranca Fresca, por caminos rocosos y sin pavimentar, pero una vez allí uno se encontraba con un valle verde y exuberante rodeado de bosques. Una vez al año John Finny organizaba una fiesta medieval con auténticas justas a caballo, con lanzas hechas con palos de escoba y equipos que tenían su propia heráldica cosida sobre telas que se podían prender a las camisas. Barranca Fresca fue el escenario de muchos amoríos: como si el adentrarse en otro tiempo de la historia sacudiera el caleidoscopio del corazón de todos.

Las comidas sugerían un festín medieval. Había barbacoa que había sido cocinada en un hoyo en la tierra durante dos días, así como un cerdo en un asador a fuego abierto.

También había concursos de tiro. En una fiesta, el agregado de Defensa de la embajada británica, en su calidad de autoproclamado supervisor de la competición de tiro, se disparó en la pierna por accidente.

En años posteriores, fue Sue Chapman, una gran amazona, cantante y de extraordinaria belleza, quien encabezó el ensayo de la caza ecuestre matutina. Durante décadas, como directora de Anglo Arts, creó fuertes vínculos culturales entre el Reino Unido y México.

En el rancho, mi propio caleidoscópico corazón se estremeció en estrellas de flores de cristal azul y rojo cuando conocí a Juan David. Era hijo de Archibaldo Burns, famoso por ser el hombre más guapo de México y supuestamente haber roto el matrimonio de Octavio Paz y Elena Garro. Ana María, que era esposa de Ramón Xirau, el filósofo y poeta catalán, me contó la historia. Elena Garro se había enamorado de Archibaldo Burns y todo por culpa de una maleta, ya que en aquella época todo el mundo compartía maletas. Elena Garro quiso tomar prestada la maleta de Ana María, pero esta se la había prestado a Archibaldo Burns y él aún no se la había devuelto. Ana María envió a Garro a casa de Burns a recoger la maleta comunitaria y este fue el fin de dos matrimonios.

Ana María también me contó otra historia sobre el temperamento de Elena Garro. Una vez, cuando ella y su marido tuvieron una pelea muy fuerte con Elena, ella les envió un «paquete completo» a su casa en venganza y como anuncio del fin de su amistad. El «paquete completo» de la

Funeraria Gayosso consistió en el montaje completo para un velorio privado a domicilio. Cuando Ana María llegó a su casa después de un día fuera, en la sala había hileras de pequeñas sillas de mimbre, dos ataúdes vacíos y dos grandes coronas funerarias.

Aunque Elena, una de las grandes escritoras mexicanas del siglo XX, había roto su matrimonio, nunca se recuperó de su amor por Octavio Paz, que se convirtió en un odio obsesivo. Ella dijo siendo ya vieja: «Yo vivo contra él... Tuve amantes contra él, escribí contra él... Todo lo que soy es contra él».

«El tiempo que te quede libre»

Mi madre tuvo una relación amorosa con el compositor y actor de cine José Ángel Espinoza Aragón, conocido como «Ferrusquilla», quien le escribió una canción a mi madre titulada «El tiempo que te quede libre», la cual ha sido grabada por muchos artistas. Durante unos meses, mientras componía la letra y la melodía, solía llamar a mi madre. Yo la veía sentada en su estudio sosteniendo la bocina en su oreja mientras él le cantaba la canción por teléfono.

Mis ataques de asma terminaron cuando yo tenía trece años, gracias a Ferrusquilla. Él le habló a mi madre de un curandero que atendía cerca del Mercado de la Lagunilla, en la calle Guatemala detrás de la catedral, que podía curar el asma y a él lo había curado milagrosamente de una úlcera de estómago perforada.

Mi madre me llevó a ver a ese curandero, que tenía un gran surtido de yerbas, cortezas y hongos y todo tipo de herbajes en atadillos. Por más de seis meses, tres veces al día, tuve que beber tés de extrañas cortezas negras y hojas amarillas, que tenían un sabor acre y emponzoñado. Todos los días hervían el té en la estufa y llenaban la casa de un olor acre. Yo me llevaba estas pociones al colegio y a las clases de baile en grandes tarros de cristal de mermelada, y me curaron.

La hija de Ferrusquilla, Angélica Aragón, se convirtió en actriz y es una de las mujeres más bellas de México. Como era brillante, su padre no sabía si debía animarla a ser actriz o a que estudiara medicina; lo último era el sueño de ella. Fue tan difícil para él y para Angélica que hasta mi madre escribió sobre este conflicto en cartas a sus padres.

Angélica y yo nos hicimos amigas y más bien hermanas. Una de sus primeras experiencias actorales fue en la película *La Montaña Sagrada* de Alejandro Jodorowsky. Ella, junto con un grupo de unas veinte adolescentes que hacían el papel de robots en una fábrica, aparecían vistiendo uniformes muy atrevidos. Tenían que ponerse en fila y besar al jefe, interpretado por Juan Ferrara, como si el beso en sí fuera un reloj checador en una fábrica. En la película, hay entre las jóvenes un ambiente de competencia para ver quién se queda al lado del jefe. Hoy, Angélica es una firme defensora de la representación respetuosa de las mujeres en la televisión y el cine.

En *La Montaña Sagrada* hay una escena que hace alusión a la masacre de los estudiantes en 1968. Jodorowsky crea un momento en el que los estudiantes yacen en el suelo y las heridas de bala en sus cuerpos supuran pájaros en vuelo. Ferrusquilla, que vivía en Tlatelolco en un apartamento con vista a la plaza donde ocurrió la masacre, me contó que había tenido que permanecer encerrado durante dos días, porque era demasiado peligroso salir. Unos días después, cuando salió de su apartamento y deambuló entre los fantasmas de los estudiantes asesinados, anduvo entre hileras y hileras de zapatos impares, todos los pares perdidos, que los mendigos vendían muy baratos. Zapatos como pájaros caídos.

Décadas más tarde, me hallaba con el poeta canadiense-estadounidense Mark Strand en un festival literario en el puerto de Tampico. Me dijo que su apellido original había sido Stransky y que sus antepasados eran judíos que llegaron a Estados Unidos desde Polonia. Me explicó que el hermano de su padre había salido de Estados Unidos rumbo a México siendo joven, hacía más de setenta años, y nunca más se había sabido de él desde entonces.

«Se perdió en México», me dijo Mark y dijo que su sueño de toda la vida era venir a México e intentar encontrar a su tío.

Por mi amistad con Angélica Aragón, conocía a su madre y sabía que el apellido de esta era Stransky.

Angélica y Mark eran primos hermanos.

Los conejos de Trotsky

Fanny del Río, que se convirtió en escritora y filósofa, escribió poesía y se volvió la primera amiga con quien compartí mi interés por la política, la literatura y la filosofía. Fanny recibió su nombre de su bisabuela, quien había llegado a México desde Italia y de quien todos pensaban que se parecía a la actriz Silvana Mangano.

A los trece años, Fanny y yo íbamos solas a la cafetería Ágora, a pie o en tranvía, de forma habitual. En este café, que también era una librería, se permitía leer los libros incluso si no los comprabas. Era difícil conseguir libros en México y eran muy caros. En el Ágora pedíamos café y leíamos a Karl Marx mientras tratábamos de entender las revoluciones que ocurrían en América Latina. Nuestra ambiciosa lista de lecturas, en la que fracasamos, incluía *La república* de Platón, *El príncipe* de Maquiavelo y *El contrato social* de Rousseau.

A finales de los sesenta y en los setenta íbamos a ver películas al cine del Centro Universitario Cultural (CUC). Allí vimos nuestras primeras películas de Ingmar Bergman, Sergei Eisenstein, Juan Bustillo Oro, Pier Paolo Pasolini y

Andréi Tarkovsky. El CUC organizaba ciclos de cine por países o realizadores. Aquellas veladas no tenían nada de solemne, ya que en esos tiempos no existían las restricciones de edad y por eso el CUC se llenaba de bebés llorando y niños corriendo por un piso cubierto de palomitas y envoltorios de caramelos. Mi madre llevaba almohadas para que Barbara, de siete años, y yo, de diez, nos sentáramos mientras veíamos *El séptimo sello* de Bergman. Las imágenes de la partida de ajedrez en la playa viven dentro de mí como si fueran un sueño que yo misma hubiera soñado.

En 1949, Luis Buñuel renunció a su ciudadanía española y se convirtió en mexicano. Murió en la Ciudad de México en 1983. Barbara y yo también fuimos a ver sus películas al CUC. En su película *El fantasma de la libertad*, que es una defensa de la imaginación y los sueños, hay una escena en la que un hombre mueve hacia un lado un reloj perfectamente centrado sobre la repisa de la chimenea y dice que está «harto de la simetría». Barbara y yo utilizamos esta frase sin parar, como si fuera un credo revolucionario.

En el Edron también teníamos estrenos de cine y charlas, que en su mayoría eran impartidas por los padres de los alumnos. El padre de Diego Genovés, el antropólogo Santiago Genovés, quien fue el cerebro detrás del «Proyecto de Paz», se presentó para hablar de su investigación. Era un Robinson Crusoe carismático y apuesto, que deslumbraba a las niñas mientras hablaba y mostraba diapositivas en la falsa biblioteca Tudor de nuestra escuela, construida con largas vigas de madera oscura. Su experimento consistió en llevar a diez personas (cuatro hombres y seis mujeres) desde Canarias hasta México en una gran balsa con el fin de estudiar la causa de la violencia en los humanos y, tal vez, aprender a prevenirla. En su charla, Genovés nos contó que le interesaba la conexión entre violencia y atracción sexual, por lo que solo había elegido ¡gente atractiva para el viaje de 101 días! Solo años después descubrimos que este experimento también se conocía como «La balsa del sexo».

A veces había conciertos. El padre de nuestra amiga Ana Thiel vino a tocar para nosotros con su orquesta de dieciséis acordeonistas.

En la escuela, los acontecimientos de actualidad y la exploración de ideologías políticas estaban siempre presentes. Había estudiantes de Chile que habían huido tras el golpe de Estado y el suicidio de Salvador Allende. Sabíamos del terror en Guatemala bajo la presidencia de Arana a través de un compañero de escuela cuya extensa familia había sido «desaparecida». Los hijos de Gabriel García Márquez estudiaban en el Edron y contaban de la violencia en Colombia y también traían historias de sus viajes a Cuba. Una vez contaron cómo conocieron las vacas lecheras de Fidel Castro, a las que Castro personalmente les puso nombre. Gracias a ellos todos escuchábamos las canciones revolucionarias de Silvio Rodríguez.

En mi propia casa recibíamos terribles noticias de nuestro primo Marshall Meyer, quien, de 1958 a 1984, fue el principal rabino en Argentina. Los graves informes sobre la «Guerra Sucia» de Argentina eran parte de nuestra vida diaria y temíamos por la seguridad de nuestra familia cuando nos contó de los desaparecidos y el trato a los prisioneros en las cárceles. Su miedo era tan grande que tuvo que levantar bardas alrededor de su casa y comprar perros de ataque adiestrados. El libro de Jacobo Timerman sobre las atrocidades cometidas por los militares argentinos, *Prisionero sin nombre, celda sin número*, está dedicado a mi primo Marshall. Hoy hay una plaza que lleva el nombre de mi primo en Buenos Aires.

Como dábamos seguimiento a los acontecimientos en Argentina, leíamos a Julio Cortázar, de quien sabíamos había abandonado su país en 1951 y vivía en Francia. Por aquellos años todo mundo en México leía su novela experimental *Rayuela*. Hubo un tiempo en que yo podía citar de memoria paisajes enteros: «Solo en sueños, en la poesía, en el juego nos asomamos a veces a lo que fuimos antes de ser esto que vaya a saber si somos».

Éramos cercanos a los hijos de los españoles que habían huido de la Guerra Civil española a México, que recibió a más de 25 mil refugiados. Leíamos a Federico García Lorca y a Luis Cernuda, quien se exilió en México y murió en la Ciudad de México en 1963. Después de que Cernuda dejó España, se decía que nunca desempacó su maleta.

Además de la conciencia política, mi grupo de amigos, entre los que se encontraba el escritor DBC Pierre, eran influidos por las ideas latinoamericanas de integridad artística. Creíamos que crear para un mercado o un público era una falta de respeto y podía arruinar a un artista. Cortázar había dicho que el éxito, especialmente en Estados Unidos, era lo último que querría un artista porque sentía que la razón para escribir era contrarrestar la propaganda de quienes estaban en el poder. Creíamos que si un libro vendía más de veinte ejemplares debía ser un bodrio.

En 1975, Cortázar publicó una historieta en México, que reflexionaba sobre sus ideas acerca del arte y el capitalismo y era un homenaje al famoso cómic francés *Fantômas*. También se le considera una contribución importante a la tradición del cómic serio, como *Maus* de Art Spiegelman.

El cómic de Cortázar, *Fantômas contra los vampiros multinacionales*, trataba sobre la desaparición de los libros más importantes del mundo y bibliotecas por fuerzas capitalistas que trabajan contra la cultura y la imaginación. Entre los escritores que aparecen como personajes del cómic están Octavio Paz y Susan Sontag, a quien se le representa en un hospital recuperándose de un ataque terrorista. El propio Cortázar está encarnado como un personaje.

El cómic comienza con Fantômas hablando por teléfono con el novelista italiano Alberto Moravia en Roma:

FANTÔMAS: Alberto, ¿cómo estás?

ALBERTO MORAVIA: Preocupado, Fantômas, como te imaginarás y no sabes lo peor. Fantômas, me han amenazado: «¡Si escribes otro libro, morirás!». ¿Qué piensas?

FANTÔMAS: ¿Sospechas de alguien?

ALBERTO MORAVIA: Creo que es un complot fascista, pero es difícil decir quién lo dirige…

Unas cuantas llamadas después, Fantômas telefonea a Octavio Paz en la Ciudad de México:

FANTÔMAS: ¿Cómo estás, Octavio?

OCTAVIO PAZ: Nada bien, Fantômas. Este problema mundial de los libros me tiene deprimido.

FANTÔMAS: ¿Hay muchos problemas en México?

OCTAVIO PAZ: ¡No se encuentra ni una sola obra de Fuentes, Yáñez, Rulfo y Arreola!

FANTÔMAS: ¡Qué desastre!

OCTAVIO PAZ: La gente llora en las calles.

Cuando faltábamos a la escuela, a Fanny y a mí nos gustaba ir a la casa de Trotsky. Ya se había convertido en museo, pero nadie visitaba el lugar. Estaba deteriorado y no había cambiado en absoluto desde el asesinato de Trotsky en 1940. La pared del dormitorio todavía tenía agujeros de bala en el yeso por el primer intento de asesinato fallido.

En el segundo y exitoso atentado contra su vida, Trotsky fue asesinado a golpes con un piolet. Desde ese día, al parecer, solo se había limpiado la sangre e incluso el gran escritorio donde había ocurrido el asesinato estaba en total desorden e intacto. El calendario de escritorio se había detenido con fecha del 21 de agosto de 1940 junto a las gafas rotas de Trotsky por el forcejeo, un abrecartas, una lupa y una concha marina.

La periodista y escritora Elena Poniatowska me contó que en 1960 había ido a visitar al muralista David Alfaro Siqueiros cuando estaba encarcelado en Lecumberri. No esperaba acabar conociendo a Ramón Mercader, el hombre que asesinó a León Trotsky. Sin pensar, dijo, le estrechó la mano y desde entonces sintió el impacto de aquel rápido e irreflexivo apretón: su mano debería habérsele desprendido del cuerpo, dijo.

Mercader era un genio de la electricidad y podía arreglar todas las radios de los prisioneros e incluso pequeñas radios de transistores, que eran su único acceso al mundo exterior. Por eso era el hombre más popular y poderoso en la prisión.

En casa de Trotsky, Fanny y yo salíamos al jardín, que estaba cubierto de enredaderas de buganvilias y muchas especies de cactus, y nos tendíamos en la hierba, fumábamos cigarros y nos leíamos poesía.

Las cenizas de Trotsky fueron enterradas en el jardín junto a su esposa, Natalia, bajo un pequeño monumento que tiene esculpidos la hoz y el martillo soviéticos. Fanny y yo sabíamos que Frida y Trotsky habían sido amantes y también sabíamos que Frida había sido implicada falsamente en el asesinato de Trotsky y que fue encarcelada por dos días y una noche.

El jardín tenía más de veinte jaulas de madera colocadas sobre altos soportes y rodeadas por una malla de alambre. Las jaulas albergaban a los conejos de Trotsky, o nuevas generaciones nacidas de los conejos originales.

WANDE

Wande era hijo del embajador de Etiopía en México durante el gobierno del emperador Haile Selassie. Wande era alto
y esbelto, y su negro cabello corto y afro coronaba su cabeza. Yo tenía trece años y él diecisiete, y me eligió. Me eligió
como la mejor manzana entre un montón de manzanas.

En la escuela entrábamos al baño de niñas, que tenía
azulejos verdes, y cerrábamos la puerta. Allí nos metíamos
en la bañera, que también era verde, nuestro precioso barco
verde chícharo, y nos sentábamos dentro y fumábamos cigarros, marihuana, y nos besábamos. El humo se elevaba y
salía por la ventana de arriba y hacia el jardín de abajo, donde podíamos escuchar la algarabía de nuestros compañeros
jugando futbol.

Wande me decía: «Quiero estar en tu tiempo», como
si el reloj de pulsera que llevaba yo en mi muñeca tuviera
más minutos que el suyo. Solo entendí lo que aquello significaba después de que él y su familia se fueron sin despe-
dirse de nadie. Al comienzo del golpe militar, Wande y su
familia abandonaron México meses antes de la muerte del

emperador, que pudo haber sido por asesinato. Nunca volví a saber de Wande.

Aline Davidoff Misrachi

Si es cierto que el destino te da tres oportunidades para cumplir tu destino, a mí se me dieron tres oportunidades para encontrar a Aline.

Aline y yo nunca pudimos recordar la fecha o el año en que nos vimos por primera vez, pero debe haber sido al comienzo del año escolar en el Edron, a principios de 1970. Nos reconocimos como la mirada rápida y fugaz de una misma en un espejo.

Aline era pequeña y delicada; más tarde mi apodo para ella fue Hermia. En *El sueño de una noche de verano*, Helena dice de Hermia: «Aunque es pequeña, es feroz». También la llamaba Pulgarcita y la imaginaba con una cáscara de pistacho a modo de barco y una caja de cerillos a modo de cama.

Aline usaba vestidos de tiendas de París mientras yo vestía la ropa que mi madre me mandaba hacer con la costurera. A los once años, Aline vestía Chanel para ir a la escuela y tenía un minivestido negro de Givenchy que usaba todo el tiempo. Su cabello negro estaba perfectamente peinado mientras que yo tenía una rebelde cabellera de rizos que no podía controlar. Por eso, mi padre me apodó «Meg, la Loca del Páramo». (Me contó que de niño y adolescente él dormía con una media en la cabeza para tratar de domar sus rizos.)

Mi primo, John Meyer (hermano del rabino Marshall Meyer), era el famoso y exitoso diseñador de ropa John Meyer de Norwich. En una ocasión me regaló un vestido de papel de los que fabricaba la Scott Paper Company, y que venían doblados en una caja como si fueran kleenex. Yo usé el mío para ir a la escuela. Era un vestido largo, azul claro y cubierto de círculos azul oscuro y rosa, muy a go-go.

Aline se acercó a mí durante el recreo y miró con entusiasmo la prenda. Luego dijo: «Ese es un vestido para usar cuando se fuman cigarros». De ahí en adelante, fuimos la una para la otra.

Historias de anillos

En casa de Aline todo era una mezcolanza de la vieja Europa y el México contemporáneo. El padre de Aline, León Davidoff, procedía de Gdansk, pero la familia era originaria de Lituania, aunque sus costumbres eran rusas. León llegó a México en 1941 en el SS *Capitaine Paul Lemerle*, que transportó a más de trescientos refugiados. A bordo iban varios artistas e intelectuales, entre ellos André Breton, los pintores Wifredo Lam, André Masson, Víctor Serge (el escritor y trotskista asesinado en México) y Claude Lévi-Strauss. En su libro *Tristes Tropiques (Tristes trópicos)*, Lévi-Strauss describe su primer contacto con Breton, que comenzó en ese barco en condiciones inhumanas y de hacinamiento: «A punto estaba de florecer entre nosotros una amistad duradera… durante ese interminable viaje… hablamos de las relaciones entre la estética y la originalidad absoluta».

El padre de Aline se convirtió en un exitoso hombre de negocios que, durante toda su vida, apoyó las artes, la investigación y el tratamiento del cáncer y un pacífico Estado israelí. El alcance de su obra caritativa fue enorme. Una vez le pregunté por qué había decidido donar tanto dinero a la investigación del cáncer y me respondió: «Si se vive lo suficiente, casi todo el mundo tendrá cáncer». Lo acompañé varias veces a una casa de retiro que había construido en Cuernavaca. Tenía una pequeña e innovadora clínica, Chagalls en las paredes y un salón de belleza para las mujeres.

La madre de Aline era una judía sefardí cuya familia había llegado a México desde Monastir en 1917. El abuelo de Aline era Alberto Misrachi, quien tenía la famosa Librería Central de Publicaciones, que también era una galería de arte. Ubicado en el Centro de la Ciudad de México frente al Palacio de Bellas Artes, el lugar se convirtió en el corazón de la ciudad para escritores, músicos y artistas. Don Alberto, como le decían, tenía lo que Salvador Novo describió en uno de sus volúmenes de *La vida en México* como un «dinamismo explosivo». Don Alberto fue el primero en exhibir pinturas en las ventanas que daban a la calle y pronto fue el primero en mostrar la obra de José Clemente Orozco, Rufino Tamayo, las primeras acuarelas de Diego Rivera y obras de Remedios Varo.

Fue la madre de Aline, Ruth, quien me dijo que el cuerpo de Frida estaba tan quebrantado que le gustaba levantarse de la mesa durante la comida o la cena y buscar una bañera para recostarse dentro. Allí Ruth le servía whisky a Frida, se sentaba en el borde de la tina y escuchaba sus historias.

Cuando la abuela de Aline, Anna Arouesty, llegó a México, le cortaron completa su larga trenza. La guardó en una caja durante años hasta que se la regaló a Frida, ya que Frida quería que su cabello tuviera más volumen. Frida solía usar esa trenza como una corona. La abuela de Aline la asistía en todas sus intervenciones quirúrgicas en el Hospital ABC y paseaba a Trotsky por la Ciudad de México en un Jaguar blanco. Aline me contó que su abuela solo usaba el perfume Fleurs de Rocaille, que se aplicaba generosamente en el cuello y las muñecas.

En la casa de Aline había un retrato enorme de su madre pintado por Diego Rivera. En la obra, ella está recostada en una estera de paja junto a una enorme cabeza olmeca, luciendo un sencillo brazalete dorado y un anillo que perteneció a Frida. En el lienzo están inscritas las palabras «para la niña de mi niña». Diego llamaba a Frida su «niña» y Frida llamaba a Ruth «niña». Cuando Frida murió, fue el chofer, a quien Frida apodó «General Trastornos», quien le dio la noticia a Diego y le dijo: «Señor, la *niña* Frida ha muerto».

Al recordar el día de la muerte de Frida, Diego escribió que ella le había regalado un anillo la noche anterior para honrar su vigésimo quinto aniversario, aunque todavía faltaban diecisiete días para esa celebración.

Cuando la madre de Aline fue hospitalizada en el hospital ABC poco antes de su muerte, le robaron dos de sus anillos. Aline estaba tan afligida que me quité uno de mis anillos y se lo puse en el dedo en ese mismo momento. Apelé por un milagro. Aline sabía que este acto era una invocación. Nos gustaba hablar de cómo en la historia y la literatura los anillos siempre se han regalado para crear magia, sellar alianzas, hacer pactos, establecer amistades, expresar votos de enamorados o para conmemorar. También sabíamos que en el viaje de Europa a México en el barco *Capitaine Paul Lemerle*, el padre de Aline había escondido los anillos de la familia, sus únicos objetos de valor, dentro de una pequeña plancha doméstica.

Yo aún no conocía las ideas de Alejandro Jodorowsky sobre la psicomagia y lo que él llamaba el poder transformador de la psicoterapia chamánica. Él había estudiado a los curanderos mexicanos y había pasado mucho tiempo con Pachita. Cuando leí el libro de Jodorowsky muchos años después, sentí afinidad con estas ideas de dirigir el inconsciente o la vida, a través de palabras, objetos y especialmente de actos inesperados que podrían apelar por un milagro, como mi madre colocando una perla en mi sándwich, o mi padre escondiendo billetes de lotería en los ramos de rosas.

Hubo un tiempo en que Aline, la nieta de Alberto Misrachi, se comprometió con mi amigo de la infancia Pedro Diego Alvarado Rivera, nieto de Diego Rivera. El compromiso se disolvió y nunca se casaron. Muchos años después, Aline le dio a mi hija el anillo de compromiso que le había regalado Pedro Diego, diciéndole: «Este es un anillo para ti. Quiero que lo tengas para que alguien recuerde que Pedro Diego y yo nos amábamos».

Cuando le pregunté a Pedro Diego sobre este anillo, dijo que se lo compró a Aline en un viaje a Nueva York.

Tras mi divorcio llevé mi anillo de matrimonio en mi billetera durante más de un año, entre mi tarjeta de crédito y mi licencia de conducir. Quería regalárselo a otra mujer, como una especie de hechizo para cambiar mi suerte: para apelar por un milagro. En el Parque México, en la colonia Condesa, se lo regalé a una indígena de Oaxaca ataviada de plástico y bisutería y que vendía chicles en una cajita que sostenía en una mano. Cuando saqué el anillo y le dije que era para ella, se lo puso en el dedo. Ella sabía que este día llegaría. Fue un duelo con el destino.

Un anillo de compromiso de diamantes que me regaló un novio en Nueva York, lo di a una imprenta en el Centro de la Ciudad de México para pagar mi primer libro de poemas, *El próximo extraño*. No vendí el anillo y no le di efectivo al impresor. Le di el anillo y todas las promesas.

«Oye, ¿cómo se dice *window* en inglés?»

Se dice que el comediante Tin Tan besó a más actrices que cualquier otra estrella de cine. La lista incluye a Rosita Quintana, de *Susana* de Luis Buñuel; Amalia Aguilar, la vedette cubana; Meche Barba, la rumbera; Tongolele y Silvia Pinal, entre muchas otras.

Se suponía que Tin Tan aparecería en la portada del álbum de los Beatles *Sgt. Pepper's Lonely Hearts Club Band*. Como estaba filmando no pudo asistir a la sesión de fotos, pero le pidió a Ringo Starr que colocara en su lugar un dibujo del «Árbol de la Vida» mexicano. Ringo estuvo de acuerdo. Por supuesto, todo el mundo en México sabe y acepta que esta podría haber sido una de las muchas historias inventadas por Tin Tan, lo cual ni siquiera importa. Es verdad para todos en México.

Tin Tan era famoso por su extraordinariamente brillante cambio de códigos, juegos de palabras y su gran humor. «¿Oye, como se dice *window* en inglés?».

Cuando Tin Tan murió en la Ciudad de México el 29 de junio de 1973, todos en México estuvimos de luto.

Barbara y yo nos sentamos en el suelo; inclinadas frente al televisor durante toda esa noche vimos las películas *Calabacitas tiernas* y *La marca del zorrillo*, en la que interpretó a padre e hijo, y la más icónica, *El rey del barrio*. Esa noche nos comimos dos bolsas enteras de Lagrimitas, nuestra golosina favorita. Las lagrimitas eran «lágrimas diminutas» de azúcar, crujientes por fuera y que se rompían en la boca con un estallido soltando un líquido de anís.

Barbara y yo hablamos, y seguimos hablando hasta el día de hoy, nuestro propio lenguaje secreto de cambio de códigos. Sabíamos que *aguafiestas* no eran fiestas de agua y que *mala leche* no era leche mala. Sabíamos que había mundos y conceptos enteros que no existían en inglés. *Trasnochar* y *pena ajena* y *entuerto*, y así sucesivamente. En español el nombre Barbara también significa salvaje, y esto nos dio un sinfín de juegos de palabras y rimas. Nuestra mezcla de español e inglés es nuestro mejor idioma.

Sabíamos que las palabras en inglés no tenían género y que nadie en inglés sabía que una silla era una niña y que un escritorio era un niño. Décadas más tarde escribí un poema titulado «Hacer el amor en español», en el que los objetos de la habitación hacen el amor entre ellos, así como poemas sobre los idiomas español e inglés y en los que a veces aparecen como imperios en conflicto:

¿Cómo debo caminar entre veintisiete letras
del alfabeto español

entre los pilares a, b, c,
entre las lápidas de la R y la P
y donde la letra ñ tiene una aureola?

Andar sola

Andar sola era andar sola.

A la edad de siete años, caminaba sola a la escuela, a las clases de ballet y a las casas de mis amigos. También estaba huyendo.

A medida que cambié de niña a mujer, constantemente me agarraban los senos y, a menudo, cuando un hombre caminaba hacia mí extendía ambas manos para tocar mis dos senos. En mis caminatas hubo hombres en la calle que me manoseaban, me tiraban del pelo, me encontraba a exhibicionistas y una vez un hombre intentó empujarme hacia adentro de su coche.

De pie en un tranvía, agarrada a un pasamanos, me tenía que sustraer de la sensación de que alguien metería sus manos entre mis piernas.

Una vez, sentada en un autobús, un hombre detrás de mí tomó un mechón de mi largo cabello y comenzó a chuparlo. Ni siquiera me daba cuenta de lo que ocurría hasta que una mujer en el autobús, sentada frente a mí, me miró con expresión desesperada. No dije una palabra y simplemente me cambié a otro asiento.

En lugares concurridos, como mercados o plazas, los hombres se acercaban demasiado y me susurraban palabras desagradables al oído.

Nunca pensé en enojarme o violentarme o responder. Nunca sentí que fuera algo contra lo que pudiera luchar. Había que soportarlo.

Los constantes toqueteos, como si yo no me perteneciera y mi cuerpo fuera para los demás, eran algo normal.

Hoy la Ciudad de México tiene vagones del metro color de rosa y autobuses rosa del transporte público que son solo para mujeres.

Waldeen y «La danza de los desheredados»

Nunca había dejado de tomar clases de ballet y de vivir profundamente en el mar de mi cuerpo. Cuando, a los doce años, comencé a estudiar danza moderna con Waldeen, mi amor por la danza se convirtió en una pasión aún más fuerte, la danza compaginaba con las ideas intelectuales y el conocimiento. A los trece años, fui la bailarina más joven en hacer una audición y ser aceptada en la compañía de danza de Waldeen.

Waldeen, que aparece en los archivos del FBI sobre Elizabeth Catlett como parte del grupo de ciudadanos estadounidenses que trabajaban en México para el movimiento de derechos civiles en Estados Unidos, llegó a México a los veinticinco años e introdujo la danza moderna en el país. Todos creían que había sido amante de Diego Rivera y él le escribió un extraordinario homenaje por la forma en que ella creó una danza moderna completamente mexicana. Era muy amiga de Pablo Neruda, quien se había mudado a México en 1940 y trabajaba en la embajada de Chile. Fue la primera traductora de Neruda al inglés.

El mejor trabajo de Waldeen fue su danza *La Coronela*, que coreografió con música de Silvestre Revueltas. El vestuario y las máscaras corrieron a cargo de Germán y Lola Cueto. La obra se basó en los famosos grabados de José Guadalupe Posada, los de esqueletos y calaveras, y estaba dividida en cuatro episodios: «Señoritas de aquellos tiempos», «La danza de los desheredados», «La pesadilla del señor Ferruco» y «El juicio final». La coreografía fue interpretada por miles de bailarines en las principales plazas de pueblos de todo México. Waldeen llamó a estas danzas públicas sus «ballets de masas».

Waldeen decía que la idea de *La Coronela* le surgió en el metro de la ciudad de Nueva York cuando regresaba de un viaje en 1939. De repente pensó en las litografías de José Guadalupe Posada como la base de un ballet y allí mismo, en los oscuros túneles subterráneos de Nueva York, podía ver a los desheredados con sus rebozos y todo eso. Ella me contó esto para explicar cuán misteriosa puede ser la creación.

Respecto a su amor por México, Waldeen decía: «En México hay muchos elementos que se pueden usar para el movimiento y la técnica. Hay toda una fisonomía, una forma de moverse en la vida mexicana que es diferente a la forma en que la mayoría de la gente se mueve en Estados Unidos. Creo que hay un tipo de sensualidad que podría incorporarse a la técnica y que nunca vi en Martha Graham porque ella no la tenía… porque vivía en Nueva York».

En 1973, Waldeen fundó el Taller Ometéotl, que era a la vez un taller de coreografía y una compañía de danza.

Con esta nueva compañía dejó atrás sus bailes que ensalzaban el México de José Guadalupe Posada con los esqueletos danzantes y los temas de la Revolución mexicana, y se trasladó al pasado prehispánico de México. Waldeen me pidió que me uniera a esta nueva compañía y bailé con ella durante los siguientes cinco años. Había clases de técnica y ensayos cuatro veces por semana en el espacio del gimnasio del Edron y en un estudio que ella tenía en la calle Gelati.

Yo era la única bailarina de la compañía que escribía poesía y, como Waldeen también escribía poesía, ella y yo nos leíamos nuestros poemas. En el tiempo en los que estábamos a solas, ella me enseñó que un artista necesitaba ser socialmente comprometido pero nunca dogmático.

Una de las bailarinas de la compañía fue Claudia Salas Portugal, hija del fotógrafo Armando Salas Portugal. En el estudio de su padre en Bucareli, Claudia y yo nos sentábamos a la mesa del comedor a tomar café y leer libros acerca del México prehispánico de la biblioteca de su padre. Los libros nos permitieron encontrar imágenes e ideas sobre el cosmos y los ciclos, que luego utilizábamos para crear nuestras danzas con Waldeen. En la biblioteca había reproducciones de algunos de los códices, que copiamos en papel de dibujo blanco. Para nuestros bailes creamos vestimentas basadas en algunas de las imágenes que encontramos en los libros. Incluso confeccionábamos tocados para nuestros bailes que eran elaborados con maíz, mazorcas, semillas y plumas.

En aquellos años, además de colaborar con el arquitecto Luis Barragán y tomar fotografías extraordinarias de los múltiples paisajes de México, el padre de Claudia tomó fotografías de sus pensamientos. Estos experimentos secretos implicaban la proyección de imágenes o impresiones en su mente sobre placas vírgenes, que luego se revelaban en fotografías. Las ideas surgieron de sus lecturas sobre Theodore Judd Serios, quien creó «pensamientos» sobre películas Polaroid, así como del trabajo de Joseph Banks Rhine, quien fundó la parapsicología como una rama de la psicología y experimentó con la investigación de la percepción extrasensorial (ESP, por sus siglas en inglés).

A medida que aparecían imágenes extraordinarias en las placas vírgenes, Salas Portugal experimentaba con proyecciones alejándose cada vez más de la placa hasta estar prácticamente al otro lado de la Ciudad de México. Los resultados fueron tan notables que incluso la división de parapsicología de la NASA, dedicada al estudio de fenómenos paranormales, se interesó por su trabajo y estudió sus experimentos en la sede de Estados Unidos.

Cuando yo tenía dieciséis años, Salas Portugal me contrató para traducir algunos de sus textos al inglés. Escribió poesía y llevó minuciosos registros, dignos de grandes exploradores, de todas sus expediciones por México. Trabajé en los textos que escribió sobre los cañones de México. Traduje y escribí:

Libélula y violeta, cascada y bosque, peñasco y pétalo.
Dentro de una escala de valores desconocida, todas las
cosas son sensibles a la luz, a la vida y a Dios.
Hasta las rocas elevan sus súplicas.

Waldeen me contó que una vez le regalaron un par de
zapatillas de puntas de Pávlova y las quemó en el jardín
cuando dejó el ballet por la danza moderna. Waldeen dijo
que después de leer la autobiografía de Isadora Duncan lo
único que quería era bailar descalza.

Waldeen también esperaba que cada bailarina creara sus
propias danzas a través de un proceso vinculado a ideas de la
psicología Gestalt y de Carl Jung. Creía en las teorías de
Jung sobre el inconsciente colectivo y nos pedía que inten-
táramos encontrar movimientos e ideas primordiales dentro
de nosotras que fueran automáticamente universales. Decía
que no debíamos buscar artificios creados para el entrete-
nimiento, sino una expresión orgánica de la vida humana.

La segunda vez que Aline y yo nos encontramos fue con
Waldeen. Aline había estudiado ballet y abandonó la escuela
para estudiar danza en Londres y más tarde en París. Aline
era la solista y la bailarina que más quería Waldeen. Aline era
muy flexible y tenía una hermosa punta. Bailó con gran pasión. Como Aline se movía constantemente entre la Ciudad
de México y Europa, también iba y venía con la compañía de danza, pero su estatus en la compañía nunca cambió.

De sus primeros años en México, Waldeen decía: «Todo
se estaba abriendo para los artistas mexicanos y ellos me

llevaron consigo. Fueron mis maestros, me mostraron México. Me llevaron por todo el país. No teníamos coches, así que cogíamos autobuses, trenes y montábamos a caballo. Íbamos a fiestas maravillosas en el campo. Bailé descalza en la tierra. Simple y sencillamente me hallaba saturada de México. No quería volver a los Estados Unidos... Recuerdo que caminaba por la calle y trataba de ver cómo caminaba la gente para poder incorporarlo a mi danza. Recuerdo que todo lo que vi impregnaba la danza que estaba yo creando».

Los días de Peppermint Frappé

Tan pronto como Aline se hallara en México, me llamaba y pasábamos el mayor tiempo posible juntas antes de que ella regresara a París. Durante esos años hablábamos de Antonin Artaud, que había vivido en México, y de sus ideas sobre el arte y el teatro. Asistíamos a cada producción de Alejandro Jodorowsky, quien había transformado el teatro mexicano a través de sus ideas de libertad y de su Movimiento Pánico, que se definía por el terror, el humor y la euforia. Sabíamos que éramos hijas del surrealismo y podíamos citar el manifiesto en defensa de la libertad en el arte escrito en 1938 por Diego Rivera y André Breton con la frase: «El verdadero arte no puede no ser revolucionario». Nosotras entendíamos que el surrealismo no era un movimiento artístico, sino una forma de vida y una combinación entre lo inconsciente y lo consciente. La poesía no era un instrumento de propaganda política, sino un acto revolucionario en sí mismo.

Aline y yo creamos una danza basada en el poema «Girasol» de André Breton, que se encuentra en su libro *L'amour fou* (*El amor loco*).

Esbozamos la danza en papel e imaginamos a dos bailarines como estatuas, basándonos en las esculturas de Gia-
cometti, que cobran vida y bailan de puntillas rodeados de
faroles chinos. Llamamos a esta pieza «El baile de los inocentes» por una línea del poema:

Le bal des innocents battait son plein
Les lampions prenaient feu lentement dans les
marroniers...

El baile de los inocentes estaba en pleno apogeo
Los faroles se iban encendiendo lentamente entre los
castaños...

Aline y yo entendimos que el surrealismo iba en contra
de lo «miserable» y que estaba lleno de alegría y poesía. En
El amor loco, Breton escribió que el movimiento en sí era
«la deslumbrante venganza» de la imaginación. El efecto de
estas ideas influyó en mis libros sobre la trata de niñas en
México y la violencia armada. Al escribir sobre temas brutales, busqué una especie de encantamiento poético, además
de incorporar las ideas de Breton sobre el amor racional e
irracional.

Aunque nos empapamos en el surrealismo tal como lo
definía Breton, aceptamos todas las demás acepciones. Sabíamos que Borges creía que el término debería ser Supra
Realismo y que Alejo Carpentier sentía que el término era
una exótica visión europea de América Latina. Carpentier

escribió que los europeos intentaron crear o imponer lo mágico, lo cual incluía su elaboración, por lo que era innatamente falso. En cambio, Carpentier dijo que era algo inherente a América Latina y que debería llamarse lo Real Maravilloso, ya que se encuentra en un «estado crudo, latente y omnipresente». Octavio Paz llamó al surrealismo un movimiento espiritual. Decía que además de ser una escuela de poesía o artística, su esencia era la unidad del arte, la poesía y una visión moral del mundo. (Paz no quiso decir moral en términos de bien o mal, sino moral en el sentido de una especie de integridad en el trabajo y la vida individual.) Mi acepción preferida era lo Real Maravilloso, pero la cambié por Lo Real Maravilloso y el Terror.

Algunas noches iba a casa de Aline, donde siempre había fiesta. Aline dijo una vez: «Si lo piensas bien, estos son los días de Peppermint Frappé». El frappé de yerbabuena era una bebida por la que su madre era famosa. El coctel fresco y brillante de color esmeralda fue un homenaje a la película *Peppermint Frappé* de Carlos Saura de 1967 sobre un hombre que persigue a la esposa de su hermano.

A una de esas fiestas llegó Edward James, el poeta y surrealista británico, con sus dos enormes iguanas como mascotas atadas con correas. La gran amiga de Ruth, Bertha «La Chaneca» Maldonado, siempre asistía a esas fiestas. La Chaneca ayudó a la familia García Márquez cuando se mudaron a México e incluso les proporcionó la mesa donde se escribió parte de *Cien años de soledad*. Era una traductora talentosa y tradujo al español la película *Mi bella dama*, junto con todas las complejas letras de las canciones. Un *tour de force*. Siempre que estábamos juntos, cantábamos «With a Little Bit of Luck» o «Just You Wait» en versión española e inglesa.

Una vez le comenté a Aline que el pintor Francisco Toledo nunca iba a las fiestas. Aline respondió: «Francisco Toledo no ha participado realmente de la escena social de la Ciudad de México, solo eróticamente». Era bien sabido que el artista oaxaqueño se había escapado con Bona, que había sido la esposa de André Pieyre de Mandiargues y que, durante sus correrías por México, se había convertido en la amante de Octavio Paz. Cuando Toledo se llevó a Bona, Paz nunca se lo perdonó. Paz le pidió a la madre de Aline que le prometiera que nunca compraría un cuadro de Toledo, lo que, por supuesto, fue una promesa que ella no cumplió.

Aline y yo compartíamos nuestro amor por la poesía y nos gustaba especialmente leer a la poeta del siglo XVII Sor Juana Inés de la Cruz y discutir sus ideas contra la esperanza. Sor Juana escribió dos sonetos en los que expresa cómo la esperanza nos aleja de la realidad e incluso es su «asesina». La esperanza, argumenta la poeta, es en realidad crueldad disfrazada.

Aline y yo nos mantuvimos vigilantes «contra la esperanza» en la una y la otra.

Como amigas, también compartíamos el miedo a la mosca tse-tsé. Los periódicos mexicanos se llenaban con historias alarmantes sobre una invasión de la mosca tse-tsé procedente de África. Informaban que una picadura de mosca le provocaría a una persona la enfermedad del sueño. Aline y yo nos imaginamos viviendo una vida de Bella Durmiente.

Aline conocía *Hamlet* de memoria y a principios de los años 1980 incluso montó la obra en un teatro de Cuernavaca.

Si estábamos en el jardín de sus padres por la noche, ella señalaba a la luna: «¡Mira, el astro húmedo!».

Al regresar a casa después de una fiesta, decía: «Bueno, todo fue juicios accidentales, matanzas casuales».

Aline siempre pensó que su madre y Octavio Paz habían estado enamorados y que su madre era una de las mujeres que aparecían en el extenso poema de Paz «Piedra de Sol», uno de los poemas más importantes del siglo XX. Le dije que tenía que investigarlo. Años más tarde me escribió este correo electrónico:

De: Aline Davidoff
Fecha: 8 de mayo de 2008 a las 10:59:02 a.m. EDT
Asunto: Notas sobre Paz

Querida Jen, no te regresé la llamada porque desayuné con mi madre y de hecho hice que soltara la sopa sobre Octavio. (¿Qué irrespetuosa, verdad, hablar así del poeta?) Bueno. Mi madre confirmó que:

Ella estaba enamorada de él. Que él estaba enamorado de ella. Que muchas veces llegaba la motocicleta de Relaciones Exteriores a esa casa de San Jerónimo donde viví el primer año de mi vida, con cartas de OP para ella, cartas llenas de pasión y deseo que ella quemaba después de leerlas, para que no quedara rastro. Que era maravilloso y que la relación seguía siendo platónica. Que él le pidió que lo acompañara a la India. Que ambos lloraron en un café cuando ella le dijo que no podía. Que intercambiaron souvenirs (*remembrances d'amour*): ella le regaló una moneda de oro que portaba en su muñeca, y él una cajita de porcelana «cursi». Que se escribieron durante esos años en la India. Que ella solo conservó una de las cartas...

A

LA DECISIÓN DE LA FLOR

En 1976, a los dieciséis años, con mucho esfuerzo y sacrificio por parte de mi padre, dejé la Ciudad de México y fui al internado Cranbrook Kingswood en Estados Unidos, que forma parte de la Academia de Arte Cranbrook. Era una escuela que centraba la educación en torno a las artes. Quería combinar mi formación con el estudio de la danza, ya que quería ir al Departamento de Danza de la Universidad de Nueva York y convertirme en bailarina profesional. En Cranbrook me uní a la compañía de danza y también incursioné en el estudio de la cerámica. En los primeros poemas que escribí allí, describo mi experiencia trabajando con arcilla: «Tengo la luz del sol y el tiempo en mis manos».

La primera persona que conocí fue Beverly Brown, quien se convertiría en una amiga para toda la vida. Era afroamericana, de piel clara y pómulos tan altos que tenía profundos huecos debajo. Beverly parecía la hermana del busto que Tutmosis hizo de Nefertiti. Tenía una mandíbula afilada y un cuello de bailarina muy largo. Era sobrina de Mary Hickson. Mary fue una de las solistas de Martha Graham.

La belleza de Beverly también la poseía Mary. Cuando conocí a la madre de Beverly y a la hermana de Mary, Betty, las tres tenían la misma belleza.

Beverly provenía de lo que ella llama una familia afroamericana muy americana de abogados, profesores, médicos, artistas y especialmente activistas sociales. La importancia de la historia oral y la búsqueda de historias familiares eran una constante, y el poeta James Ruggia, que se casaría con Beverly más de una década después, llama a esta característica familiar «culto a los antepasados». Miranda, Cordelia, Julia, Sophia y Sarah, que tuvieron nueve hijos con su esclavizador que luego las trasladó al norte para vivir en familia, son mujeres míticas para mí.

Beverly también era miembro de la compañía de danza de la escuela. Coreografiamos muchos bailes, entre ellos uno desaforado a partir de «Sir Duke» de Stevie Wonder. *Songs in the Key of Life* fue todo lo que escuchábamos aquel año. La música parecía una explosión dentro de nosotros. A veces, nuestra compañía de danza era transportada en un autobús escolar a Detroit, ya que nos invitaban a bailar en las escuelas primarias públicas de Detroit para una concurrencia de más de setecientos estudiantes.

Nuestros padres habían trabajado en el movimiento de derechos civiles y ambos eran hombres brillantes —y alcohólicos—. Una vez, cuando mi papá me visitó, Beverly y yo organizamos una cena para nuestros padres. La felicidad y la hermandad se posaron en la mesa cuando los dos hombres pidieron vodkas dobles.

En la decisión de la flor, Beverly fue el pétalo de «ella-me-ama» en el juego de la margarita «Te amo, no te amo, te amo, no te amo».

Aquel mismo año, antes de irme al internado, hubo un escándalo literario en México. Mario Vargas Llosa le propinó un puñetazo en la cara a Gabriel García Márquez en el Palacio de Bellas Artes de la Ciudad de México el 12 de febrero durante una proyección privada de la película *Supervivientes de los Andes*, una producción mexicana sobre el accidente aéreo de 1972 en los Andes tras el cual los supervivientes tuvieron que recurrir al canibalismo. García Márquez cayó al suelo con la nariz ensangrentada y un ojo amoratado, que Elena Poniatowska trató con un filete congelado, tras haber salido corriendo a buscarlo a algún restaurante cercano. Eran los tiempos en que los ojos amoratados se atendían con filetes congelados. El incidente salió en todos los periódicos, pero en el colegio nunca les preguntamos a Rodrigo ni a Gonzalo, los hijos de García Márquez, al respecto y ellos tampoco lo mencionaron. En ese momento, nunca hubiera imaginado que décadas después, cuando fui presidenta del PEN Internacional, tendría un enfrentamiento público con Vargas Llosa después de visitar a dos escritores encarcelados en Barcelona.

Irene de Bohus

Un verano, cuando tenía diecisiete años y volvía del internado, trabajé como modelo para Irene de Bohus, conocida por sus retratos impresionistas. Solía tomar un autobús hasta su estudio en su casona del barrio de Polanco. Cuando llegaba, la esperaba en la majestuosa entrada con piso de mármol y luego ella bajaba por una enorme escalera para saludarme. Bajaba escalón por escalón, agarrándose a la barandilla blanca de hierro forjado como si fuera una reina. Tenía la cara sonrojada, ya que se daba largos baños todas las mañanas, lo que hacía que oliera a gardenias por el jabón Jontue que tenía en todos los baños. Era una mujer mayor en aquel tiempo y mantenía la cabeza erguida y se maquillaba y peinaba perfectamente, pues privilegiaba la apariencia.

Irene decía: «En el momento en que esto se termine, en que se deja de tener cuidado personal, se mira hacia la tumba. La vanidad también es vida. Por ejemplo, debes tener las uñas pulcras y arregladas. Y dientes limpios».

Irene era de Hungría y cercana a Frida. Frida incluso pintó el nombre de Irene en letras grandes en una pared de su recámara en la Casa Azul de Coyoacán, que se puede ver hasta el día de hoy.

El retrato más escalofriante que Frida jamás pintó fue el de Irene y es una obra de terror. El dibujo se llama *Retrato de Irene Bohus* y está hecho con grafito sobre papel, y fechado en 1947.

El dibujo a lápiz es un acto de cruel venganza, ya que Irene tuvo un romance con Diego Rivera.

El retrato muestra a Irene orinando en una bacinica, que tiene pintadas las palabras «YO TE MIRO». Irene aparece como una muñeca vudú con extensiones fálicas en lugar de brazos y su imagen está cubierta por lenguas y largos pelos como espinas. Su vagina queda expuesta y coronada por el rostro de un demonio.

Cuando le pregunté a Irene sobre Frida, dijo: «Frida es un espejo. Es un charco de agua. Todas las mujeres se ven en Frida».

En cuanto yo llegaba a las diez de la mañana, como ritual Irene me servía un vaso de whisky o jerez. Nunca me preguntaba si quería beber o no y nunca me negué y me lo bebía todo. Luego, con nuestros vasos en la mano, me guiaba a su estudio, donde me paraba junto a una ventana mientras ella hacía bocetos de mi cara, a veces de frente pero sobre todo de perfil. Una vez me besó, pero yo me aparté.

Irene me dijo que ella era tan poderosa, tan eléctrica, que una vez siendo niña había domesticado a una pantera enojada en el zoológico de Budapest. «Solo miré profundamente a los ojos del animal. No pudo esquivarme los ojos».

Irene decía: «En esta vida, estoy del lado de los seres vivos. Si entra una mosca o un insecto dentro de casa, lo ayudo a escapar».

Un asesinato y todo está de a cuatro

Era un cuchillo pequeño.

Era un cuchillo muy pequeño y de hoja corta. Una hoja de solo 10 centímetros de largo.

Para matar a alguien con un cuchillo así hay que estar muy cerca de la víctima. Tienes que estar abrazando o besando o haciendo el amor.

El corazón recibió cuatro puñaladas.

Hacia el final de mi primer año en el internado, mi tutor fue asesinado.

Cuando salí de México, me habían asignado un tutor mientras estuviera en Estados Unidos, ya que era menor de edad. El tutor era un hombre cuya familia conocimos en México y que vivía cerca del internado.

Un fin de semana al mes me invitaba a quedarme en su casa e íbamos al cine o me llevaba de compras. Siempre fue un premio salir de la residencia de estudiantes. Un sábado, poco antes de medianoche, llamó a la puerta de mi habitación y dijo que iba a comprar unos cigarros y que volvería pronto. Poco después me quedé dormida y no me di cuenta de que no había regresado. A las cinco de la mañana me despertó el timbre de la puerta que sonaba una y otra vez. Todavía estaba oscuro. Bajé las escaleras en piyama y abrí la puerta. Los detectives, vestidos con sus típicas gabardinas beige, se sacudieron los zapatos con cuidado sobre la alfombra de bienvenida y entraron en la casa, haciéndome a un lado al entrar.

Me consideraban sospechosa, ya que solo una persona muy cercana a él podría haber cometido el crimen.

Me interrogaron durante cuatro horas.

Detective: ¿Dónde estabas?

Yo: En la cama durmiendo.

Detective: ¿Dónde estabas?

Yo: En la cama durmiendo.

Detective: ¿Dónde estabas?

Yo: En la cama durmiendo.

Detective: Déjame mirar tus manos.

Extendí las manos y él las tomó, haciéndolas girar para ver ambos lados, y mirando entre mis dedos.

Yo sabía que las examinaba en busca de rasguños, cortes de cuchillo o sangre.

En cuatro días, cuatro, como un trébol de cuatro hojas, atraparon al asesino.

El día después del asesinato regresé a la escuela y a las clases porque mis acciones se guiaban por la frase: «llueva o truene».

No había ningún otro lugar

Aunque tuviera que huir para lograrlo, iba a ir a la ciudad de Nueva York y estudiar danza.

En nuestro último año, todos los que se graduaban de Cranbrook llenaban solicitudes universitarias. Yo solo presenté solicitud para el Departamento de Danza de la Universidad de Nueva York.

Como parte del proceso, tuve que ir a una audición que, para bailarines del Medio Oeste de Estados Unidos, se realizó en Chicago, en el salón de baile de un gran hotel. Tomé un avión por mi cuenta desde Detroit a Chicago y me quedé en el hotel donde se llevaban a cabo las audiciones.

Ese año, al menos doscientos bailarines estaban siendo audicionados para obtener un lugar en la Universidad de Nueva York. Nos habían dicho que solo se aceptaría a diez bailarines. Stuart Hodes, uno de los bailarines principales de Martha Graham y profesor en la Universidad de Nueva York, que también había sido piloto de bombarderos en la Segunda Guerra Mundial, estuvo a cargo de la audición y la elección. Se suponía que debía sentarse detrás de un escritorio y mirar, pero se levantaba y bailaba como si fuera uno de los bailarines que estaban audicionando. No podía contenerse. Dijo: «Nunca luches contra la necesidad de bailar».

Para comenzar el proceso, se pidió a los bailarines que juntos hicieran ejercicios de calentamiento en la barra. Luego nos trasladamos al centro del salón para mostrar nuestra habilidad con los pasos típicos. Tuvimos que hacer *cabrioles, jetés, pas de chat, glissés y glissades*. Esta parte de la audición terminó con una *révérence*.

Después de un breve descanso, cada bailarín fue llamado individualmente para realizar un baile breve que habíamos preparado de antemano. Yo ejecuté la pieza que había coreografiado con Waldeen, una danza creada en torno al mito de Ixchel, la diosa maya de la luna. Mis movimientos eran vueltas en círculos combinados con movimientos frenéticos y entrecortados, ya que Ixchel era a la vez la diosa del parto y de las tormentas. Traje mi música en una casetera. Consistía en el sonido de caracolas marinas, que se soplan como trompetas, y tambores suaves y rítmicos. Fui una de los pocos que fueron aceptados en el programa.

Mis padres estaban en contra de que fuera a la ciudad de Nueva York. Me escribieron muchas cartas desde México y me llamaban con urgencia, tratando de hacerme desistir. Argumentaban que la ciudad era demasiado violenta. Nueva York había estado registrando asaltos, robos y asesinatos que batían récords. Mis padres me instaron a ir a otra parte. Pero si uno quería ser bailarín o artista no había otra parte.

Ciudad de Nueva York

«La apuñalé, pero nunca quise matarla»

Sid Vicious, de la banda de punk Sex Pistols, mató a Nancy Spungen en el hotel Chelsea con un cuchillo de caza Jaguar K-11. El asesinato ocupó las primeras planas de los periódicos.

Los programadores de la radio dejaron de poner a los Bee Gees, ABBA y las canciones del musical *Grease*, y tocaron sin parar durante dos días la versión de Sid Vicious de «My Way» de Frank Sinatra, llenando taxis y discotecas con su desgañitada voz.

Cuando fue arrestado, Sid Vicious presuntamente dijo: «La apuñalé, pero nunca quise matarla».

Un mes antes del crimen, me quedé en el hotel Chelsea durante unos días previos a mudarme a la residencia estudiantil de la Universidad de Nueva York en Brittany Hall en la 10th Street y Broadway. Necesitaba ese tiempo para comprar cobijas, sábanas y toallas para mi habitación, así como zapatos de baile nuevos, antes de que el alojamiento abriera para los estudiantes.

El Chelsea era famoso por huéspedes como Jackson Pollock, William Burroughs, Dylan Thomas y Bob Dylan pero, cuando me quedé allí, me enteré de que el fantasma de Mary, sobreviviente del Titanic, rondaba los pasillos luego de su suicidio en el hotel.

Los pasillos del Chelsea estaban cubiertos con suelos de mármol blanco y había cuadros en todas las paredes. Había una pintura de una enorme cabeza de caballo. Me alojé en una pequeña habitación con paredes verdes y un gran sillón tapizado con un desgastado terciopelo verde. El clóset, que no tenía ventana, era más grande que la habitación.

Durante tres días un solitario zapato en el ascensor subía y bajaba sin que nadie lo reclamara. Había trabajadoras sexuales jóvenes y mayores que solo bajaban por la noche y alquilaban algunas de las habitaciones. Sus perfumes nocturnos se mezclaban en el ascensor y el vestíbulo cuando salían a trabajar a la ciudad. Dos ancianos varones que vivían allí desde hacía años entraban y salían del ascensor a todas horas, como si esto fuera una ocupación en sí misma. En el vestíbulo había una pareja joven, vestidos solo de rosa, con zapatos y hasta los calcetines de color rosa, que estaba allí cuando llegué y cuando me fui. La pareja estaba rodeada de maletas color rosa y fumaba sin parar, como si el vestíbulo del hotel fuera una estación de tren.

A un lado de la recepción, había dos cabinas telefónicas con ocho o nueve figuras de papel maché volando encima de ellas y colgando de cuerdas atadas a un largo poste de bambú. La gente traficaba y consumía drogas constantemente, o se besaba dentro de las cabinas telefónicas.

En mi primera noche en Nueva York, con cinco dólares en monedas de veinticinco centavos, llamé a mi padre en la Ciudad de México desde una de las cabinas telefónicas del hotel Chelsea. Mientras hablaba, leí el grafiti garabateado en el teléfono de metal con un marcador negro: «No hable ni bese durante más de cinco minutos. Tenga consideración».

Ella era el tipo de mujer que siempre se desmayaba

El día que Sid Vicious mató a Nancy Spungen, conocí a Lili Dones en una fiesta de la Universidad de Nueva York. Parecía una estrella de cine de los años treinta. Lili tenía cabello dorado, piel dorada y ojos dorados, y era una réplica de la actriz francesa Dominique Sanda. Tenía ambliopía en ambos ojos, lo que significaba que a cada momento sus ojos mariposearan. Era el tipo de mujer que siempre se desmayaba.

Todo el mundo en la ciudad de Nueva York hablaba del asesinato y de todos los detalles que condujeron al crimen. Lili y yo nos miramos y dijimos, casi al unísono: «La apuñalé, pero nunca quise matarla». En ese instante supimos que seríamos amigas para toda la vida y siempre supimos exactamente qué decir cada vez que cometíamos un error.

Mi primer empleo fue de recepcionista en el turno nocturno en el Brittany Hall de la Universidad de Nueva York, donde vivía. Más tarde, con los años, trabajé en una fábrica de pantalones vaqueros en Orchard Street cortando las presillas defectuosas. Yo era la única trabajadora allí que no era china. También trabajé como mesera, dependienta de tienda, afanadora, cantinera y niñera.

Fue cuando desempeñaba mi primer empleo en Nueva York en el Brittany Hall que conocí a Lili. Como ella también vivía en aquella residencia estudiantil y padecía insomnio, se sentaba conmigo durante horas hasta el amanecer.

La familia de Lili era de Cuba y había dejado atrás sus fincas y campos de caña de azúcar durante la Revolución cubana. Lili hablaba español y practicaba la santería cubana. En su habitación tenía un altar con caracolas en un plato azul claro. Decía: «Mi abuela decía que tener caracolas en una casa daba mala suerte, pero yo no creo en eso». Lili podía citar de memoria poemas o versos de José Martí. Su frase favorita era: «El encanto es producto de lo inesperado».

La conversación de Lili estaba llena de alusiones literarias e históricas e ingenio. Una vez me describió a uno de sus novios, a quien consideraba perfecto: «Y entonces», dijo, «al igual que Lord Byron, de repente, muy de repente, ¡apareció el pie equinovaro!».

Una bailarina en Nueva York

Todos los días tomaba al menos cuatro clases de danza. Audicioné para la Compañía de Danza Bertram Ross. Bertram Ross había sido la pareja de baile de Martha Graham durante más de dos décadas y ella creó muchos papeles destacados para él.

Para mi baile interpreté una pieza en la que había trabajado con Waldeen durante las vacaciones de verano. Era la danza de la diosa Coyolxauhqui, que significa «adornada de cascabeles» en náhuatl. El extraordinario monolito acababa de ser encontrado ese año en el Centro de la Ciudad de México. Mi danza comenzaba lentamente y luego se volvía violenta con una representación de desmembramiento, como le había sucedido a la diosa, mis piernas, pies, hombros, muñecas y cabeza se movían con interludios rítmicos y entrecortados.

Después de la audición, Ross llamó al frente a los tres bailarines seleccionados. Nos puso en fila delante del gran salón de baile.

A uno le dijo dramáticamente: «Eres como un incendio forestal».

Al siguiente bailarín de la fila le dijo: «¿Tú? Bueno, eres un incendio en un contenedor de basura».

A mí me dijo: «Eres un incendio en el Bronx». En la década de 1970, el 80 por ciento de las viviendas en el Bronx se habían quemado.

Soñar y pesadillar

Los jueves, después de la clase de ballet, un pequeño grupo íbamos a ver el *breakdance* en Astor Place. Esto se convirtió en un ritual durante mi primer año de estudio de la danza en Nueva York. En el Uptown se habían estado celebrando fiestas de barrio durante varios años, pero hacia 1978 la escena hip-hop se trasladó al Downtown. Una fiesta podía empezar en cualquier lugar, incluso en un vagón del metro o en una esquina.

Debajo de los jeans y suéteres aún traíamos nuestras medias rosas y leotardos negros mientras caminábamos, elegantes, con el cabello echado hacia atrás en un moño apretado y con los bolsos de baile sobre los hombros, lejos de los salones, para observar a los *breakers*. Nuestros cuerpos seguían llenos de la música de la clase de ballet. Éramos cisnes, éramos cascanueces. De pie, como si estuviéramos en la barra en primera posición, veíamos a los equipos *breakers* contonearse, dar volteretas y giros. Se convertían en robots, se convertían en Marcel Marceau e imitaban momentos de *Los tres chiflados*, movimientos circenses y actos sobre la cuerda floja. Había un movimiento llamado «soñar» que consistía en largos giros de cabeza seguidos de «pesadillar», que eran volteretas.

Los *breakers* quedaban magullados por las muchas caídas y a esto lo llamaban andar «negroazulado». Estos bailarines tenían rasguños en sus mejillas y manos por las ásperas y frías banquetas de cemento. Antes de que los patinadores se apoderaran de las calles con sus acrobacias, los *breakers* ya habían utilizado rampas en sus actos y algunos saltaban desde tejados y por encima de vallas de seguridad.

Los *breakers* se hicieron de ese nombre por la pausa entre canciones. Los DJ de fiestas o clubes, o los que controlaban los equipos de sonido, empezaron a alargar cada vez más los descansos para desafiar a los bailarines. El hip-hop se convirtió en una alianza entre el DJ, el grafiti, el rap y el *breaking*. Se formaban equipos para competir con otros equipos. Una vez vi a un grupo bailar un atraco.

Este tipo de baile era sumamente competitivo y la actitud era importante, junto con el sentido del honor en todo momento. Esto hizo que el *breaking* pareciera un descendiente de los combates de esgrima de los caballeros. Una vez incluso escuché a un *breaker* vociferar conceptos de esgrima mientras bailaba. Dijo: «*Prêt, redoublement, remise, reposte*».

«Música de revuelta»

Las actas del encuentro de la junta directiva sobre «Música de revuelta» estipulan:

¿Cómo suena la MÚSICA DE REVUELTA? Bueno, no es la insípida Barbra Streisand que chilla canciones como «People»; no es la abyecta «My Way» de Sinatra.

LA MÚSICA DE REVUELTA es «Respect» de Aretha, «Fight the Power» de The Isley Brothers y «Oh Bondage, Up Yours!» de Poly Styrene.

LA MÚSICA DE REVUELTA no es la «Ballad of the Green Berets» de Barry Sadler. No es «Just de Way You Are» de Billy Joel y definitivamente no es «¡Va por América!» de Reagan.

LA MÚSICA DE REVUELTA es «I Don't Want Nobody to Give Me Nothing (Open Up the Door and

I'll Get It Myself!)» de James Brown. Es *Vicious Rap* de Sweet Tee y «I'm Not Down» de The Clash.

La fiesta de la «Música de revuelta» comenzaba a las once de la noche. Bailábamos en el Sindicato de Maquinistas y la única luz provenía de una pantalla que proyectaban sin parar las películas de Sergei Eisenstein. Bailamos bajo películas que mostraban acorazados, la escalera Potemkin en Odesa y paisajes mexicanos.

Lili, junto con Jenny Holzer, Julie Ault, Tim Rollins y otros, se convirtió en miembro fundador del Group Material (GM), que tenía su sede en una tienda en el 244 East de la 13th Street. Group Material estaba integrado por varios artistas conceptuales que alquilaban el local para mostrar su trabajo. La declaración del grupo era: «Queremos que nuestro trabajo y el trabajo de otros asuman un papel en un activismo cultural más amplio» y, basándose en esta filosofía, incluyeron a la comunidad en sus actividades, cuyas invitaciones estaban tanto en inglés como en español. Uno de sus primeros espectáculos fue «The People's Choice», también conocido como «Arroz con Mango», que consistía en pedir a todos los vecinos del barrio que trajeran una obra de arte de sus propias casas. Una pieza era una copa de coñac con un pequeño muñeco de un hombre dentro que fumaba un puro.

El espectáculo «Música de revuelta» de GM era una fiesta de baile de una noche. La invitación, que era un volante fotocopiado, decía: «Música de revuelta es una exposición de música en forma de una fiesta de baile salvaje. SOLO POR UNA NOCHE, MATERIAL GROUP será DJ de los éxitos revolucionarios de las últimas tres décadas».

Además de Group Material, Lili trabajó como diseñadora gráfica. Algunas veces al mes íbamos a Pearl Paint a comprar papel especial y bolígrafos que necesitaba para sus diseños. Nos gustaba parar en una pequeña tienda de papel en Canal Street donde la dueña, una amable china que llevaba dos palillos de jade muy largos para sujetar su cabello y que sabía muy poco inglés, nos permitía fotocopiar nuestros cuerpos.

Lili y yo fotocopiábamos nuestras manos y perfiles presionando nuestras caras contra el vidrio y luego cubriéndonos la cabeza con un suéter, ya que la tapa de plástico no encajaba. Lili usó la máquina Xerox para hacer collages.

Lili nunca pudo aprender a conducir ni hacer nada que implicara coordinación o hacer dos cosas al mismo tiempo. No podía fumar y hablar. No podía caminar y hablar. Una vez la vi intentar abotonarse una blusa y le tomaba tanto tiempo que tuve que abrochársela como si fuera mi hija.

Dos meses después de mi llegada a la ciudad de Nueva York, me contrataron como mesera en el Max's Kansas City. En Nueva York era casi imposible ser mesera sin experiencia previa o algo que te hiciera destacar. En Max's Kansas City me hice pasar por francesa y conseguí el trabajo. Lili dijo que Tommy Dean Mills, el dueño, solo contrataba meseras que podrían convertirse en la novia de alguien.

Tommy se sentaba todas las noches en la misma mesa, que estaba justo al lado del baño. De esta manera podía ver la procesión hacia el sanitario, donde todos consumían cocaína o algo parecido. La mejor noche en Max's era el jueves y a veces iban a tocar bandas como los Ramones y Blondie. Aunque los New York Dolls se habían disuelto, David Johansen andaba por ahí todo el tiempo. Muchas noches serví martinis a Colette antes de que nos hiciéramos amigas.

Lili me recogía después del cambio de turno e íbamos al CBGB o al Studio 54. Había esnobismo en la ciudad de Nueva York los fines de semana. Nunca íbamos a discotecas los viernes y sábados porque era cuando la gente de los condados o los turistas llegaban a Nueva York.

En algún momento de aquel otoño vimos a Elvis Costello tocar en el CBGB. Cantó «No Action».

Era nuestro himno.

Reglas en el Downtown

Entre los tránsfugas había una regla efímera: siempre compartir drogas, cigarros y lápiz labial.

Si alguien estaba enfermo, se le llevaba sopa de pollo con bolas de matzá del Second Avenue Deli.

Protocolo para Studio 54
Es aceptable que entres a Studio 54 y te la pases bien, aunque tus amigos se queden afuera en la puerta.

No importa lo que diga la gente en la pista de baile, algunas palabras no tienen significado.

Protocolo si Bill Cunningham alguna vez se baja de su bicicleta y te para en la calle para pedirte tomarte una foto
Actúa con indiferencia.

Protocolo con las celebridades
Nunca, jamás, mires fijamente a una celebridad, incluso si se trata de Kathleen Turner pidiendo fajitas estilo Nueva York en Jefferson Market, o Herman Munster haciendo

operaciones bancarias en Citibank en LaGuardia Place o John F. Kennedy Jr. hablando en una cabina telefónica cerca de Judson Hall.

Protocolo para los favores de despedida
Es aceptable entregarle a los invitados a la cena su bolsa de basura para que puedan dejarla afuera.

Protocolo en los restaurantes
Puedes fumar en un restaurante, pero nunca si alguien en tu mesa está comiendo. Los mejores restaurantes para fumar y beber y no comer son Evelyn's Kitchen, Odeon, Raoul's y Mr Chow.

Protocolo ante la violencia:
Siempre presta tu barreta, tu martillo y tu palo de escoba afilado si alguien tiene que caminar a casa bien entrada la noche.

Se compartía una especie de aerosol de pimienta casero, una combinación de pimienta con chile picante en polvo. Lo llevábamos en bolsas de plástico que se podían conseguir con el portero de un club a cambio de un dólar.

Una joven que solía caminar por Alphabet City llevando por delante de ella una picana eléctrica dijo que le haría feliz recibir pedidos si alguien quería tener una. Había crecido en una granja con vacas en el Medio Oeste.

Dos Shadowmen

Ser bailarina era ser una tránsfuga. Podía salir de mi casa e ir al salón blanco cubierto de espejos y bailar para metamorfosearme en cisne, bailar para ser hada, bailar para convertirme en ciervo y luna.

Después de estar en Nueva York por tres meses, me desperté de un sueño y supe que tenía que dejar la danza. Así de sencillo. Pero desde entonces no podía sentarme a ver un concierto de baile sin que mi cuerpo me doliera y sintiera una ausencia de mí misma. Y desde entonces me fascinaron las historias y los mitos sobre personas que actuaron según un mensaje en sueños. El sueño me mostró que bailar era un juego de niños. En el sueño caminaba por un bosque de retoños. Los árboles altos eran solo sombras de árboles.

La tarde siguiente al sueño caminé hacia la 2nd Street y Houston. Allí, a lo largo del costado de un edificio, había dos escenas criminales pintadas para que parecieran personas que se habían caído del techo en pleno suicidio. Al lado de estas figuras alguien había pintado con aerosol la palabra «DSIRE».

Durante 1978, en todo el Lower East Side, Richard Hambleton había pintado escenas de crímenes antes de hacerse más conocido por sus Shadowmen en las paredes o dentro de las estaciones de metro.

En las banquetas o en el asfalto negro de las calles de la ciudad, Richard dibujaba el contorno de los cadáveres con pintura blanca para que pareciera que la policía había dibujado con tiza la silueta de una víctima. Al principio, solo me quedaba de pie y miraba en silencio y con reverencia aquellas siluetas en el suelo y me preguntaba quién había muerto allí, hasta que entendí que eran arte callejero.

Cada vez que Lili y yo nos topábamos con uno de aquellos dibujos de crímenes, nos metíamos en ellos como en una participación ritual. Nos turnábamos para acostarnos sobre el cemento frío, manteniendo una pose de muerte. Encajábamos como una pieza de rompecabezas con un brazo estirado, una pierna doblada hacia atrás y nuestras caras de perfil mirando al norte.

Después de que tuve el sueño sobre dejar la danza, me acosté adentro del dibujo del crimen.

Me había caído por una bala.

Me había caído por una cuchillada a medianoche.

Me había caído de un avión.

«A la chingada el arte, bailemos»

Colette era una sirena fuera del agua. Su tersa voz, canta-
da con ternura, era entrecortada, llena de brisa, en cámara
lenta:

La brisa del atardecer acariciaba tiernamente los árboles.
Los árboles temblorosos abrazaban tiernamente la brisa.

El estilo de vestir de Colette era lo que ella llamaba Vic-
torian Punk, una estética punk que tenía elegancia vintage
y era extremadamente femenina.

Cuando llegué por primera vez a Nueva York, caminaba
hasta la tienda Fiorucci, mientras Colette hacía instalaciones en uno de los escaparates. Estos *performances* en vivo
duraban días. Una vez la vi dormir, en una de sus represen-
taciones públicas del sueño, cubierta con encajes y colchas
de terciopelo a la intemperie, en las escaleras de un edificio.

La primera vez que vi actuar a Colette fue en Danceteria. Aquella noche interpretó los cuadros vivientes «A la

chingada el arte, bailemos», que era una instalación suya en la que aparecía semidesnuda. Cantó y se movió lentamente en el pequeño escenario junto con Rudolf Pieper.

Colette fue una de las primeras artistas de la escena neoyorquina que creó videos. Con Jeff Koons como protagonista, filmó *Justine y los chicos*. Esta película tiene otros tres títulos: *Notas sobre la vida barroca*, *Demasiado no es suficiente* y, recientemente agregado por ella misma, *Una cinta histérica histórica, que documenta una parte de la «vida real» de la historia del arte, antes de que existieran los reality shows.*

El video comienza con Colette llegando de la calle a su apartamento y metiéndose directamente en una bañera llena de agua mientras todavía lleva puestos un corsé, los zapatos y dos sombreros. La bañera está forrada con gasa y parece un pequeño mar. En primer plano hay un jarrón con flores y una gran concha marina. En la bañera tiene una conversación con Jeff Koons mientras él hojea despreocupadamente una revista, encaramado en el borde de la tina y completamente vestido. Colette se prepara para recibir a «los chicos» que vienen de visita. Mientras se aplica esmalte azul en las uñas, suena el teléfono.

Jeff responde: «Estamos ocupados», y cuelga.

Colette pregunta: «¿Preguntaste quién era?».

Jeff responde: «Dijo que un ex».

«¿Ex?», repite Colette. «Eso es muy divertido», dice y se ríe.

«Me pregunto quién sería. ¿Ex? Desde luego, no era un príncipe».

En 2016, Colette y yo, junto con otros artistas y escritores, fuimos invitados a Sudáfrica para crear arte para una subasta en apoyo a la organización benéfica sueca Star for Life para ayudar a niños con SIDA en KwaZulu-Natal. Este proyecto lo encabezó el pintor sueco Johan Falkman, quien también tiene fuertes vínculos con Nueva York y con México.

En Sudáfrica, Colette y yo nos reencontramos. Nos vimos en un espejo y nos volvimos a ver por primera vez. Después del safari, durante el cual miramos a los ojos de los elefantes y de los leones, Colette y yo recordamos a Cindy Sherman, a Jeff Koons, a Basquiat y a Warhol. Recordamos las noches en la ciudad de Nueva York en el Club 57, el Mudd Club, en Danceteria y en Pyramid.

Una tarde, mientras esperamos una visita oficial del rey zulú y su séquito, entre ellos a sus muchas esposas, miramos en mi teléfono la película de Colette *Justine y los chicos* sentadas en un jeep estacionado bajo un árbol de la fiebre. Ella dice: «Creo que nunca he sido capaz de hacer que mi cara parezca enojada».

Cuando Colette habla, sé que es «La sirena en el ático», «La libertad guiando al pueblo», «Mata Hari y las papas robadas» y «Lumière». Estos son todos los caracteres que ha creado como personajes, y que ella encarna en sus instalaciones en vivo.

De este viaje a Sudáfrica hay una fotografía de Colette leyendo mi libro *La viuda Basquiat* apoyada en una enorme leona de felpa. Fue tomada dentro de una choza con techo de paja en la que creó la instalación titulada «Les Trésors de L'Afrique / Lumière in Zululand».

En la choza, sentadas en el suelo, junto a la leona, recordamos convivir con el SIDA en Nueva York a principios de los años 80. Es un círculo extraño, un extraño juego timbiriche desde la ciudad de Nueva York hasta KwaZulu-Natal.

Colette dice: «No puedo creer que no nos hayamos contagiado».

Luego nombra los nombres como si cantara:

Cookie Mueller

Klaus Nomi

Keith Haring

Dondi

Haoui Montaug

Roswell, quien una vez dijo que su color favorito era el tartán

Tina Chow

y Gina, Steve, Bree, Romana, Kevin, Brooke, Alan y y y y

«Lo sé», respondo. «Pensábamos que el sexo era libertad y entonces fue muerte».

Colette dice: «Lo que importa es dormir, la muerte y el amor».

A solo unos pasos podemos escuchar el ronroneo de los leones y los aullidos ahogados de las hienas que siguen a los leones.

Cuando intento recordar cuándo sucedieron las cosas, Colette responde: «Yo no tengo ni idea. Mido el tiempo de mi vida por mis novios. Son mis puntos de referencia».

Yo digo: «Siempre pienso que todo me pasó cuando tenía once años».

Una tarde le pido a un conductor llamado Ziggy que me lleve a un pueblo lejano para visitar a una sangoma. En el trayecto en un jeep hacia las montañas Lebombo, Ziggy intenta explicar qué es una sangoma. Dice: «Ella no es una adivina, es más bien una adivina que te cuenta toda tu vida. La adivina es una persona espiritual. Ella ve algo en ti».

La sangoma me espera en una choza redonda y vacía. Es una mujer mayor, alta, de pelo gris y ojos pequeños, muy afables, de color café claro. Anda descalza y me dice que me quite los zapatos y me siente a su lado en una estera de paja en el suelo. La sangoma me da una botella llena de agua y la sostengo en silencio durante diez minutos antes de que me la quite de las manos y cante en zulú. Después de orar, los ojos de la sangoma se llenan de lágrimas y luego comienza a llorar fervorosamente, con lágrimas rodándole por las mejillas. Tiene que limpiarse la nariz con la manga. Entonces yo lloro con ella y lloramos juntas en el silencio de la choza. Después de un rato dice que mi tristeza ancestral solo se puede curar si hiciera una fiesta triste para mis hijos y mis amigos.

No tuve ninguna premonición de que encontraría a mi amigo de la infancia en KwaZulu-Natal. Nunca hubo un sueño premonitorio o un deseo con el puño apretado, pero ahí estaba él, pintando un enorme rinoceronte y esbozos de pequeñas piñas para la organización benéfica Star for Life. Era Pedro Diego Alvarado Rivera, mi amigo de la infancia. Traía a Ruth María a Sudáfrica en sus ojos, en el rostro de su abuelo y en su corazón amable y abierto. Ruth María ya llevaba nueve años muerta. La última vez que la vi fue en una fiesta en la Ciudad de México en 2006. Cuando me vio desde un extremo del jardín, se incorporó y avanzó hacia mí con sus largas y torpes zancadas. En su abrazo pude sentir su todavía fuerte deseo de cargarme, besarme y sentir nuevamente que yo era parte de su cuerpo. Nos sentamos juntas y bebimos tequila y ella me dijo que se estaba muriendo. Siempre formaré parte de ella.

Los cielos de México se abrieron sobre Sudáfrica.

QUERENCIA

Era como vivir en la casa de pan de jengibre de Hansel y Gretel. Mi apartamento en el número 13 de St. Mark's Place, entre la Segunda y la Tercera Avenida, encima de la librería St. Mark's, fue construido para un cuento de hadas. Las escaleras para llegar hasta él, en el cuarto piso, estaban cubiertas de murales que representaban paisajes de bosques y pequeñas flores. Las puertas rojas de los apartamentos estaban talladas en madera con formas de corazones, medias lunas y tréboles de cuatro hojas, como moldes de galletas.

Durante un año, todos los domingos organicé un taller de poesía por las tardes en mi apartamento de St. Mark's.

El profesor que impartió el taller era poeta y mi profesor en el Departamento de Inglés de la Universidad de Nueva York. Nos hacía memorizar un poema cada semana porque creía que memorizar poemas era importante e incluso un arte en extinción. Memoricé poemas de Yeats, Whitman y Neruda. También memoricé el poema de Gabriela Mistral «La bailarina», ya que hablaba de muchos de mis sentimientos acerca de renunciar a mi vida como bailarina en aquellos días:

La bailarina ahora está danzando
la danza del perder cuanto tenía.

El profesor nos pidió que escribiéramos qué significaba la poesía para cada uno de nosotros. Yo escribí: «la poesía está cerca de mis sueños y donde mis deseos se hacen realidad».

Una noche, después de que todos los alumnos del taller de poesía se habían ido, el profesor se quedó. Era guapo, con ojos azules profundos. Bebimos cerveza y me habló de una mujer, una desconocida, que conoció en una tienda en Hiroshima. Dijo que se miraron y al instante se enamoraron. A partir de entonces la añoró, aunque solo se habían visto unos momentos.

Me preguntó si alguna vez me había sentido así. Mientras hablaba, no me pregunté por qué me decía aquello. Toqué su mejilla. Lo besé. Estuvimos juntos durante los siguientes tres años.

Aunque no respondí su pregunta sobre el amor a primera vista, una vez sentí este tipo de amor instantáneo. Me pasó con un actor miembro de la compañía de Peter Brook, que había venido a México para interpretar *Ubu Roi* en el verano de 1978. Yo me había graduado del colegio y estaba esperando ir a Nueva York en septiembre. Ese fue el verano en el que Jacques Lecoq y Donato Sartori también vinieron a México. Barbara y yo tomamos sus talleres de confección de máscaras y pantomima. Sartori y Lecoq presentaron un *happening* en la Plaza Santa Catarina de Coyoacán. Este consistía en uno de los *Mascheramento Urbano* (Máscaras Urbanas) de Sartori. La plaza fue cubierta con una fina muselina, que transformaba todo el espacio en una enorme telaraña. Barbara y yo, junto con otros, representamos allí una obra creada por Jacques Lecoq. La actriz mexicana Jesusa Rodríguez fue la protagonista.

Una noche durante la temporada de la compañía de Peter Brook, se invitó a los bailarines de Waldeen a un coctel en honor de los actores visitantes en una casa en el Desierto de los Leones, en el sur de la Ciudad de México. La casa tenía un jardín muy grande y descuidado con zarzas y rosales centenarios por todas partes. Salí al jardín y, caminando entre enredaderas y maleza, me encontré con Bruce Myers. Estaba a solas con las manos detrás de la espalda y la cabeza inclinada hacia atrás, mirando al cielo, donde no se podía ver ni una sola estrella entre el denso esmog de la ciudad. Esto fue doce años antes de que interpretara los papeles de Ganesha y Krishna en la película de Brook *El Mahabharata*.

Vi cómo Bruce avanzaba lentamente por el sendero del jardín y hacia mí. Había algo que quería decirle, pero las palabras no me dejaron hacerlo. Yo tenía dieciocho años y él 35. Cuando nos miramos, nuestros corazones fueron dos címbalos que chocaban entre sí. Tal cual.

Quizás este tipo de amor sea como una *querencia*. En una corrida de toros, la querencia es el apego instintivo e inmediato del toro a un área particular de la plaza en el momento en que se le suelta, y el único lugar donde el animal se siente seguro: una mezcla de ternura y deseo de amor. El matador necesita identificar el lugar rápidamente y hacerlo inhóspito reivindicando ese terreno para sí mismo. Esto hace que el toro pierda su poder.

Después vi a Bruce en Nueva York, y luego otra vez en París, y la *querencia* siempre estuvo ahí.

En los borradores de poemas escritos en aquellos días, escribí tres líneas para Bruce, que luego formarían parte de un poema de mi primer libro de poemas:

Todo dentro de mí lo espera
mientras chupo una granada
la única fruta que tiene dientes.

Chocolates del día de San Valentín

En el otoño de 1979, había dejado el Departamento de Danza de la Universidad de Nueva York y me matriculé en la División Gallatin de la misma universidad, donde estudiaba literatura y antropología y asistía a talleres de poesía en el Departamento de Inglés.

Ese año, mi profesor de la Universidad de Nueva York y director del Departamento de Antropología, el profesor John Buettner-Janusch, fue sorprendido elaborando LSD con estudiantes en un laboratorio de la Universidad de Nueva York. Se le declaró culpable de fabricar LSD y metacualona y fue encarcelado.

El 14 de febrero de 1987, Buettner-Janusch envió chocolates envenenados por el día de San Valentín al juez que lo había condenado y fue encarcelado nuevamente.

NOCHES DE POESÍA

Una noche, después de mi jornada como mesera en el turno nocturno, un hombre fue asesinado a puñaladas. Su cuerpo yacía en la acera frente al edificio donde yo vivía. Estaba vestido con un traje de noche de lentejuelas doradas y azules. Tuve que pasar por encima de él para entrar a mi casa.

Quienes vivíamos en el Lower East Side, Alphabet City y debajo de la Houston Street amueblábamos nuestros pequeños apartamentos con sillas, sofás y mesas que habían sido colocadas en la banqueta para que se las llevaran los camiones de basura. Un sillón lo tomé de la esquina de la Avenue A y la 7th Street. Lili y otros dos amigos me ayudaron a llevarlo a mi apartamento. Cuando levanté el acolchado, encontré allí docenas de crayones perdidos y a medio usar, como reliquias.

La criminalidad era tan aleatoria y constante que en febrero de 1979 Curtis Sliwa fundó los Ángeles Guardianes. Sus grupos patrullaban las calles, las estaciones y los vagones del metro. Llevaban chaquetas de bomberos rojas y boinas rojas para poder ser identificados fácilmente. Todas las chicas pensaban que eran muy sexys.

El bar drag de la esquina llenó la noche con la música de Donna Summer cantando «Bad Girls», que abre y termina con el sonido rítmico de un silbato de policía. Afuera del lugar se registraban constantes peleas callejeras y gritos. Una vez, alrededor de las tres de la mañana, escuché a alguien afuera de mi ventana gritar durante veinte minutos: «Esa era mi tiara. ¡Cabrón!»

De noche la cuadra estaba a oscuras porque todas las farolas habían sido apagadas a tiros.

Di mi primera lectura de poesía en las Noches de Poesía de los miércoles de Keith Haring en el Club 57 de St. Mark's Place. En los volantes de Keith, las lecturas se anunciaban como «Una lectura de poesía para no escritores». Los volantes se fotocopiaban en Todd's Copy Shop en la Mott Street, donde muchos de nosotros pasábamos el tiempo, ya que fotocopiar todo era emocionante y revolucionario. Keith pegó sus volantes en los postes de luz y paredes. La fotocopia de anuncios, oportunidades de alquiler y cartas de amor se convirtió en parte del paisaje del grafiti callejero.

El único espacio en el que no se pegó nada encima, y fue respetado por todos, fue el rostro de Etan Patz. Años después de su desaparición en mayo de 1979, su rostro de seis años todavía aparecía en volantes adheridos a postes de luz y cabinas telefónicas.

A veces, los volantes de Keith, que también hacía para sus exposiciones de arte, anunciaban algo inédito para así atraer a la gente. El primer volante de la Noche de Poesía en el que aparecí también anunciaba lecturas de Keith Haring y Arthur Rimbaud. Rimbaud no apareció.

Una vez, de camino a una de las lecturas de Keith, me caí en la calle y me corté la mano. Cuando llegué al Club 57, Keith me llevó al baño, se enjabonó las suyas y me lavó las mías, sosteniéndolas debajo del grifo. Nadie me había lavado las manos desde mi niñez. Me hizo recordar la sensación de que alguien me pusiera los calcetines y me atara las agujetas de los zapatos. Me dio sueño, sueño de niña. Keith inspiraba ternura, la ternura que se encuentra en las cárceles y los hospitales.

Al otro lado de la calle de mi apartamento había una tienda de segunda mano conocida como Andy's Chee-Pees, donde yo compraba ropa vintage. Para mi primera lectura de poesía, fui a la tienda de Andy y compré un vestido de terciopelo negro con perlas falsas de color amarillo descolorido cosidas al cuello. El vestido tenía una vieja etiqueta cosida en la espalda, de esas que se cosen en los suéteres de los niños, con el nombre «Gloria Swanson». Me costó diez dólares. También me puse botines negros hasta los tobillos con tacón de aguja, guantes negros y medias de red negras con grandes agujeros en ambas rodillas.

Esa noche, la primera persona en leer fue un joven que dijo que era su vigésimo primer cumpleaños. Leyó un poema sobre una fiesta infantil que terminaba con la frase: «Solo quería reventar los globos. Reventar. Reventar. Reventar».

Keith, que era muy dulce y tímido, leyó sus propios poemas neodadá una y otra vez en diferentes combinaciones detrás de un televisor sin la pantalla colocado de frente como si él estuviera adentro del aparato. Con su voz suave y ligeramente nasal dijo: «Yo soy el otro».

Yo leí un poema titulado «¿Qué vidas vivo en los sueños de los demás?».

Caja para un calcetín encontrado

Nuestro atuendo principal era el lápiz labial rojo.

Los jueves por la noche, Lili, que para entonces también se había mudado de la residencia de la Universidad de Nueva York a un apartamento en la 7th Street, y yo íbamos a Pyramid, que era principalmente un club de gays y travestis. Lili se vestía como una estrella de cine de los años 40, con un corpiño ajustado, falda ancha con crinolina y sandalias de talón descubierto. La ventaja que teníamos sobre muchos era que podíamos chismear de todos en español.

Al lado del Pyramid estaba Kim's Cleaners, donde lavábamos la ropa. Con tacones altos y aferradas a nuestros cocteles, corríamos de un lado a otro entre el club y la lavandería mientras nuestra ropa seguía lavándose.

Kim's Cleaners tenía una caja llena de calcetines y, en un lado, alguien había escrito con un marcador «Caja para un calcetín encontrado». La espacioso y cálida lavandería olía a cloro, a detergente Tide y a naranjas podridas. Las naranjas podridas eran parte del invariable olor de la ciudad de Nueva York. Paños antiestáticos yacían por el suelo y dentro de las secadoras. Sobre un mostrador había un *New York Post* del día anterior o una revista de moda que podíamos leer. Kim's Cleaners cerraba a medianoche. Había anuncios en la pared en los que se leía: «No se permiten sillas» y «No se ponga demasiado cómodo».

Una vez que el Pyramid tuvo más éxito, la lavandería también lo tuvo y todos corrían de un local a otro. Kim's Cleaners se convirtió en un lugar para tomar cocteles, hablar y llorar por una ruptura.

Diana Ross, un travesti que lavaba su ropa allí durante los descansos del espectáculo en Pyramid, dijo una vez: «Si la vida no vale nada, al menos nuestra ropa está limpia». Metió sus vestidos cubiertos de lentejuelas en la lavadora y la secadora.

En aquella época yo siempre llevaba lentejuelas rojas y doradas rotas pegadas a mi ropa.

TV Party

Los martes por la noche, el Lower East Side de Nueva York se paralizaba mientras todos veían frente a un televisor *TV Party*, un coctel en vivo de televisión por cable. Ocurría desde las doce y media hasta la una y media de la madrugada y Glenn O'Brien era tanto el creador como el presentador. Modeló su procedimiento basándose en los programas de entrevistas de Johnny Carson y Ed Sullivan, con público en vivo y una banda llamada TV Party Orchestra, en la que figuraba principalmente Lenny Ferrari. El programa era tan exitoso que Blondie lo refiere en su canción «Rapture» de 1981.

Glenn tenía un manifiesto largo y complicado sobre de qué se trataba *TV Party*. Argüía que era tanto una fiesta de coctel como un partido político y que una fiesta ocurría automáticamente cuando se transmitía *TV Party*.

Su manifiesto también estipulaba que una *TV Party* era «la expresión más alta de la actividad social» y la forma más exquisita de diversión cooperativa.

Tetraciclina

Era más bello que Marlene Dietrich o Björn Johan Andrésen, que interpretó a Tadzio en *Muerte en Venecia* de Visconti.

Hal Ludacer era la criatura más hermosa de Nueva York. Lo conocí el primer mes de mi primer año en la ciudad. Yo trabajaba en la recepción de Brittany Hall y una noche él llegó como un caballero, llevando en sus brazos el cuerpo inerte de una joven que se había desmayado por las drogas y el alcohol. Llevó a la chica a su habitación y la cuidó. Lo adoré inmediatamente.

Hal y yo nos volvimos inseparables. Era alto y vestía unos vaqueros negros y estrechos con una camisa blanca fajada. A veces usaba maquillaje y delineador de ojos negro. Para el acné casi inexistente que imaginaba en su rostro, vivía a base de tetraciclina y tomaba estas pastillas todo el día como si fueran caramelos de menta.

Mi vestimenta consistía en una estética de princesa punk muy femenina. Tenía vestidos negros y una falda de tafetán negra muy ancha, que la costurera me había hecho en

México y que crujía cuando yo caminaba. Parte de este look incluía tres tiras de perlas falsas que me ataba en el cuello y las muñecas. Me pintaba los labios con lápiz labial rojo cereza o rojo negro.

Algunas noches a la semana íbamos al Studio 54 y luego al Mudd Club. Tomábamos una larga siesta nocturna y luego nos levantábamos y nos alistábamos. Hacíamos esto para ser los últimos en llegar a todas partes. Los porteros de las discotecas siempre nos dejaban entrar.

Hal y yo teníamos nuestra manera única de bailar juntos. Mientras todos los demás se movían frenéticamente por la pista de baile con los B-52's o los Ramones tocando en vivo, él y yo nos quedábamos casi completamente quietos, moviéndonos muy ligeramente. El hombro izquierdo de Hal subía y bajaba con las puntas de los pies hacia adentro. Mis caderas solo se balanceaban ligeramente en un movimiento circular. Nuestro baile era un baile de estatuas.

A Hal le gustaba comprarme regalos. Me dio un par de guantes color rosa antiguos que me cubrían el largo de los brazos. Me compró un collar de falsos diamantes y una pulsera de diamantes de imitación con forma de una cadena de hojas. Hal me regaló el álbum *Chelsea Girl* de Nico, de 1967, que escuchábamos todo el tiempo.

Aunque salíamos mucho, Hal y yo éramos realmente solitarios, y por eso fuimos tan buenos amigos: estábamos solos entre la multitud, vigilando la soledad del uno y del otro. Después de que terminaba la noche (ya mañana), regresábamos a mi apartamento y dormíamos juntos en mi cama como niños que toman una siesta después del Kool-Aid y las galletas.

Conocí a Andy Warhol una noche con Hal, que ya lo conocía, en Studio 54. Saludó a Hal y le deslizó la mano por el frente de los pantalones y lo toqueteó, lo cual era algo que hacía cuando quería. Me sentí muy protectora con Hal porque otros carcamales lo molestaban todo el tiempo; como solo tenía diecisiete años, un año más joven que yo, era vulnerable a esta extraña propiedad que los hombres mayores parecían sentir que tenían sobre su cuerpo. Andy era el peor. Realmente acosaba a Hal, como si su fama y fortuna le dieran el derecho de hacerlo. Nos manteníamos alejados de Andy tanto como podíamos.

Warhol tenía frases que solía utilizar como fragmentos de sabiduría, como el de que la vida solo tiene atmósfera cuando es un recuerdo. Hal me explicó una vez que parte del misterio de Andy, o incluso de su percepción de inteligencia, tenía mucho que ver con el hecho de que nunca respondía una pregunta. Andy se quedaba absolutamente callado o respondía con una de sus respuestas de cajón.

Entre 1983 y 1984, Jean-Michel Basquiat dibujó sobre platos de cerámica 45 retratos de artistas, divertidos, tristes e implacables. Debajo del que hizo de Andy, Jean-Michel escribió «BOY GENIUS» («NIÑO GENIO»), con lo que expuso la crueldad sardónica de Warhol. En el texto introductorio de un libro de retratos sobre estos platos de Jean-Michel, Francesco Clemente escribe que los retratos expresan «el silencio sublime de Cimabue, los alcances de los últimos collages de Matisse, la mirada implacable de Picasso, la máquina sexual gráfica de Keith Haring, la utopía pastoral totalmente estadounidense de Andrew Wyeth, el machismo pictórico de Larry Rivers, el vacuo temor a la muerte de Francesco Clemente, la mirada extática de Maripol, la austeridad de Louise Nevelson, el espíritu de corte diamantino de Jasper Johns, el hambre de fama de Julian Schnabel».

La última fiesta celebrada en Studio 54 se llamó «El fin de la Gomorra moderna». Tuvo lugar el 2 de febrero de 1980, la noche antes de que Steve Rubell e Ian Schrager fueran a la cárcel por fraude fiscal. Hal y yo fuimos a la fiesta, en la que los meseros vestían solo ropa interior de Calvin Klein y repartían cocaína gratis en botecitos de plástico negros, de los que se usaban para guardar rollos fotográficos. Los meseros decían: «Toma, polvéate la nariz». Había barra abierta y «I Will Survive» de Gloria Gaynor sonaba una y otra vez. Steve Rubell cantó «My Way».

Hal y yo estábamos allí porque esa noche era el único lugar para estar en la Tierra.

Hal y yo fuimos a la primera proyección en Nueva York de la película *Poliéster* de John Waters, en la que Divine tenía el papel principal. En el estreno en el Waverly, en el West Village, nos dieron tarjetas de rascar y oler para que pudiéramos oler lo que estaba sucediendo en la película, ya que al personaje de Divine, Francine Fishpaw, le obsesionaban los olores domésticos. Cuando un número parpadeaba en la pantalla, el público sabría qué oler en la tarjeta.

Esta es la lista:
Rosas
Flatulencia (trasero no alterado)
Pegamento para aeromodelismo
Pizza
Gasolina
Zorrillo
Gas natural
Olor a coche nuevo
Zapatos sucios
Aromatizador

Divine, aunque casi siempre actuaba como una persona femenina y le encantaba estar vestida de mujer, se identificaba como un hombre. Divertido y dulce y cruel, siempre estuvo en la frontera entre la risa y el llanto. Una noche me regaló su antiguo abrigo negro de piel de visón, que usé durante todo el invierno de 1981. Lo perdí cuando se me cayó de las manos mientras subía a un taxi después de bailar la mayor parte de la noche con «You Make Me (Mighty Real)» de Sylvester. Andaba yo tan borracha y drogada que no podía coordinarme para agacharme y recoger el abrigo, así que lo dejé allí en la fría acera de cemento donde, en mi mente, todavía yace para siempre, una puerta más abajo de Paradise Garage en la King Street.

GENTE QUE NO ESTÁ EN ESTE LIBRO

Las Fiestas de las Muertes Famosas las organizaba Lili en su apartamento de la 7th Street. Para la primera fiesta, Lili se disfrazó de María Antonieta con un vestido largo y una peluca blanca que compró en una tienda de pelucas de Broadway, a la que le añadió mucho algodón blanco para hacerla más exuberante.

La guillotina era de fabricación casera. Lili utilizó trozos de cartón cubiertos con papel de aluminio, que se ató en la nuca con un lazo y que usó durante toda la noche. Yo fui de Isadora Duncan, con una bufanda larga hecha con mascadas de seda enrolladas alrededor de mi cuello. En una tienda pedí prestado un neumático de bicicleta, como sustituto del neumático de un coche, que llevaba en el brazo como si fuera una enorme pulsera.

A estas fiestas asistía tanta gente que no cabíamos en el pequeño apartamento de Lili y nos dispersábamos por los pasillos. Después de unas horas y muchas bebidas, incluso el ascensor se convertía en parte del espacio de la fiesta, con las parejas turnándose para subir y bajar los ocho pisos sin parar. Dije que era el lugar donde se juntaban las personas que no deberían estar juntas.

A otra fiesta de Muertes Famosas, Lili fue como la actriz mexicana Lupe Vélez, quien había estado casada con Johnny Weissmüller y se había suicidado tomándose 75 pastillas de Seconal con una copa de brandy. Lili vestía un camisón largo, sedoso y dorado y llevó consigo un rollo de papel higiénico en todo momento, pues algunos aseguraban que Lupe Vélez en realidad murió al caerse al excusado, de tan fuera de sí que andaba, y se ahogó.

A esta fiesta fui como la poeta mexicana Rosario Castellanos y sostenía una pequeña lámpara de noche en una mano, ya que Castellanos, cuando era embajadora de México en Israel, se había electrocutado al tocar una lámpara cuando aún estaba mojada tras darse un baño. Los obsequios de fiesta que entregué a todos fueron fotocopias de mis líneas favoritas de su poema «Autorretrato»:

> [...]. Pero el llanto
> es en mí un mecanismo descompuesto
> y no lloro en la cámara mortuoria
> ni en la ocasión sublime ni frente a la catástrofe.
> Lloro cuando se quema el arroz [...]

Veneno Curare

«Tengo suficiente curare para envenenar a toda la ciudad de Nueva York», dijo el Dr. Robert Carneiro, señalando cuatro grandes frascos de vidrio llenos de una pasta marrón que había en el suelo, a un lado de su escritorio. «Es por eso que lo mantengo cerca y no puedo salir de esta habitación hasta que lo pongo bajo llave».

El curare es la pasta venenosa que se utiliza en las flechas y los dardos entre los pueblos indígenas de algunas zonas de América del Sur. Induce parálisis.

El Dr. Carneiro fue curador de etnología sudamericana en el Museo Americano de Historia Natural de Nueva York. Durante más de un año, mientras estudiaba en la Universidad de Nueva York, fui su pasante.

Algunos de mis profesores y alumnos mayores en el Departamento de Antropología me dijeron que era sumamente difícil conseguir un empleo en el museo, donde muchos de nosotros queríamos trabajar, y que una manera de hacerlo era convertirse en guía, para lo cual también había una larga lista de espera.

Una mañana, y solo por curiosidad, me acerqué al mostrador de información en medio del enorme vestíbulo de entrada al museo. Le expliqué a la empleada detrás del mostrador de información general que quería trabajar allí. Me miró de arriba abajo y, cuando le dije que sabía hablar español, hizo una llamada telefónica y luego me dijo que fuera directamente a la oficina de Robert Carneiro.

En este primer encuentro hablamos de México, de América del Sur y de poesía, y el Dr. Carneiro, una figura gigante en la historia de la antropología cultural, me contrató en el acto para ser su asistente en dos de sus proyectos.

El Dr. Carneiro era hijo de padres cubanos y un hombre excepcionalmente amable, con ojos cafés afables y luminosos, una mente brillante y fiel a los datos objetivos y a los protocolos científicos. Bajo su supervisión, aprendí las técnicas para una investigación rigurosa y el valor de la ciencia empírica. Compartíamos el amor por el mito y la poesía. El proyecto que me asignó fue estudiar los tabús alimentarios de las tribus del Amazonas para descubrir si estaban relacionados con las proteínas o no. La mayoría de los libros que necesitaba consultar sobre estos temas se encontraban en la Universidad de Columbia o en la Biblioteca Pública de Nueva York.

El doctor Carneiro fue uno de los encargados de remodelar la exposición amazónica en la Sala de los Pueblos Sudamericanos. Lo ayudé en la recreación de los implementos de caza del Amazonas. Este trabajo me permitió explorar las inmensas salas, que eran como almacenes, llenas de estantes y cajones inmensos, en los pisos debajo de las salas de exposiciones públicas. En un cajón encontré flechas de dos a tres metros de largo hechas por los sirionó del este de Bolivia, que se cree que son las flechas más largas del mundo. El Dr. Carneiro completó la sala en 1989.

Mientras estudiaba la dieta y las armas del Amazonas, me hallé en la tierra donde el hermano menor de mi madre, Russell, vivía entre la tribu kayapó junto al río Xingú, en la parte más oriental de la selva amazónica. Mi tío se enamoró del Amazonas y vivió allí durante décadas hasta su muerte. Russell hablaba de los peces, los pájaros y el arcoíris como si fuera el primer hombre en ver ese paisaje o como si fuera un verdadero pariente de Pedro Álvares Cabral o Américo Vespucio. Mi tío decía que no había nada que igualara el amanecer con el sol iluminando las plumas rojas y azules de la guacamaya. Fue nombrado jefe tribal. Este honor le fue otorgado por entrenar al equipo de futbol de la tribu, lo que permitió a los kayapó ganar su primer partido contra una tribu vecina.

Yo no dormía. Vivía de café, estimulantes, Coca-Cola y Camels. Trabajaba como mesera, estudiaba literatura y antropología en la Universidad de Nueva York, iba al Studio 54 y al Mudd Club los jueves por la noche y al Club 57 los miércoles. Tomaba talleres de poesía y clases de baile, leía sobre los tabús alimentarios entre las tribus amazónicas y pasaba tiempo en los amplios pasillos y salas debajo del museo observando su colección de implementos de caza y seleccionando los mejores ejemplos. Cuando caminaba por las calles de Manhattan, el Amazonas caminaba conmigo.

De los mitos y canciones del Amazonas recopilé material para mis escritos. Hice listas, como los nombres de las niñas de la tribu Timbira Oriental: Niña Estrella, Niña de la Flor, Pez Pequeño, Camino a la Montaña, Niña Cocodrilo, Cabeza Hermosa, Pierna Pintada.

Mantuve un registro de los mitos. Los tucano creen que la noche se creó cuando el sol le dio a la tribu una bolsa secreta y les dijo que nunca la abrieran. Cuando desobedecieron, millones de pequeñas hormigas negras salieron de la bolsa y ennegrecieron el cielo.

Todas las canciones surgen en sueños, según los pueblos xavante. Se accede a las canciones despertando a los niños con la esperanza de escuchar una canción que podrían estar soñando.

La relación entre cazador y presa era a menudo erótica y, en algunas tribus, el verbo *cazar* podía traducirse como «hacer el amor con los animales». Debido a ello, era necesaria la abstinencia antes de la caza y el cazador debía excitar sexualmente a la presa mediante cantos o movimientos para que el animal se acercara y se dejara matar. Los poemas que escribí aquel año estuvieron influenciados por todos esos estudios:

Antes de salir a cazar, no me tocará,
por temor a ponerlos celosos: al mono, al jaguar,
al venado.

Yo también tengo celos de los animales
antes de que él regrese, esa noche, limpio sus flechas.

«Viajeros», un poema que escribí en aquel entonces, apareció en la *American Poetry Review*:

Necesitamos el desconocido paisaje donde se da caza a
la luna,
como a un jaguar, un oso y una ardilla,
y la noche es negra flecha emponzoñada con curare.
Las canciones suenan a lluvia, peces surcan el aire y
   los cometas,
cometas con colas mercuriales, abren el cielo.
   Siempre
en movimiento, compartimos el llamado del
   acróbata por la pasarela aérea
que, como todas las estrellas, busca la caída.

En mis notas escribí: «La lectura sigue siendo una revelación. En el apacible silencio de la lectura, conozco mi soledad. Recuerdo el asombro infantil —como un truco de magia— que era aprender a leer sin decir las palabras en voz alta y escuchar las palabras silenciosas —los libros silenciosos— dentro de mí».

En mis notas también escribí una reflexión sobre el trabajo que estaba haciendo y cité al Karl Marx de *Formaciones económicas precapitalistas*. Leí el libro de Janet Siskind *A cazar por la mañana* y estudios de los heroicos activistas brasileños Orlando y Cláudio Villas-Bôas, quienes en 1961 contribuyeron decisivamente a que todo el Xingú fuera protegido legalmente:

> En nuestra modesta opinión, la verdadera defensa del aborigen es respetarlo y garantizar su existencia según sus propios valores. Hasta que nosotros, los «civilizados», creemos las condiciones adecuadas para su futura integración, cualquier intento de integrarlos equivale a introducir un plan para su destrucción. Todavía no estamos lo suficientemente preparados.

Como regalo al Dr. Carneiro por su cumpleaños, le recopilé un pequeño diccionario de palabras en náhuatl, ya que estaba interesado en aprender más de ese idioma:

> *Tezcatlipoca*: un espejo que humea y suspira.
> *Cochcanequi*: fingir estar dormido.
> *Choquizotlahua*: cansancio por el llanto.

Una canción

*Yambatani koro kutopoti idyako yumbo apoʻinyedeto pawaidye
pote potoyo.*

No me mires a la cara de ese modo, porque si lo haces nunca podré olvidarte.

Canción de los caribes en Guyana

París 1

En 1867, Víctor Hugo escribió una carta al presidente de México, Benito Juárez, rogándole que salvara la vida del emperador Maximiliano. La carta abordaba la ética y la abolición de la pena de muerte como una «Ley de la Luz». La misiva llegó demasiado tarde, exactamente un día después de la ejecución del emperador el 19 de junio de 1867.

Como parte de la carta, Víctor Hugo escribió: «Acaba usted de derrotar a las monarquías con la democracia. Usted les mostró el poder de esta; muéstreles ahora su belleza. Después del relámpago, muestre la aurora». Estos argumentos ya se habían formulado en el fallido intento de Hugo de detener la ejecución del abolicionista John Brown en Estados Unidos.

En México la historia de la carta de Víctor Hugo fue legendaria. Además, si uno era poeta o artista en México sentía la presencia de Francia en todas partes, en las figuras de André Breton, Antonin Artaud y, más recientemente, en J.M.G. Le Clézio, que eran parte de México, al igual que artistas como Henri Cartier-Bresson. Leíamos poemas de

Guillaume Apollinaire, que se mantenía informado sobre México porque su hermano había vivido y muerto en la Ciudad de México, y estudiábamos sus ideas sobre el cubismo y el surrealismo.

Cuando mi asesor en la Universidad de Nueva York me sugirió pasar un semestre en París estudiando literatura francesa, inmediatamente dije que sí. En la Ciudad de México las historias de Diego Rivera y de Octavio Paz en Francia, junto con muchas otras, fueron parte clave de las famosas amistades transatlánticas que existieron a lo largo del siglo XX. El presidente de México, Porfirio Díaz, fue enterrado en Montparnasse y la admiración de Paz por Stéphane Mallarmé, sus ideas sobre la suerte y, muy especialmente, su poema «Un coup de dés», inspiraron a un notable número de admiradores entre los poetas mexicanos. El efecto de Mallarmé en la poesía mexicana, a través de Paz, casi podría considerarse un movimiento.

La primera semana en París, mi madre, que estaba de visita, me dijo que le gustaría tomarme una serie de fotografías entre las tumbas del cementerio de Père-Lachaise. Pasamos dos días enteros tomando fotografías. Tuve que cambiarme de ropa dentro de criptas abandonadas.

Años más tarde, su trabajo como fotógrafa quedó expuesto al registrar, en 2001, los históricos grafitis que aparecieron por toda la Ciudad de México a la llegada de los zapatistas y del líder del Ejército Zapatista de Liberación Nacional, el Subcomandante Marcos. Recorrieron, durante la «Marcha del Color de la Tierra», más de tres mil kilómetros desde Chiapas hasta la Ciudad de México para expresar sus demandas de igualdad para los pueblos indígenas de México. Mi madre casi fue atropellada por autos en dos ocasiones mientras capturaba cientos de imágenes históricas en vialidades y calles transitadas, que, durante un año, cambiaron el paisaje urbano de la Ciudad de México.

París 2

En París tuve un novio francés que pertenecía a una familia aristocrática. Lo conocí en la fiesta de un diseñador de moda colombiano. Un mes después, mi novio se hallaba en España visitando a su hermana y no pudo asistir a una fiesta en el campo a la que nos habían invitado. Fui sin él, y una pareja que acababa de comprar un coche nuevo me dio un aventón. Cuando llegué a su piso con una pequeña mochila de fin de semana para los cinco días, me sorprendió y me preocupó ver que ellos habían preparado seis maletas y tenían tres pares de zapatos de vestir con hormas de madera dentro. Nadie me había dicho que la casa de campo estaba cerca de un casino donde se pasaban las noches disfrazándose para jugar, beber y bailar.

Mientras nos adentrábamos en el campo, el hombre que conducía, François, pasó todo el tiempo presumiendo su nuevo coche. Después de dos horas de viaje llegamos a la casa. El entusiasmo de François por su nuevo coche quedó inmediatamente acallado por un precioso Jaguar descapotable de color verde bosque con asientos de cuero marrón dorado, estacionado en el claro delante de la entrada. Nos dijeron que el coche pertenecía a un barón de una antigua y aristocrática familia francesa que había venido a pasar unos días con nosotros.

Inmediatamente, las cinco parejas que habían sido invitadas quedaron encantadas con el barón y él y su coche se convirtieron en el centro de atención y adulación. Al día siguiente, el dueño de la casa de campo nos dijo que le entristecía saber que su primo, que era cura, se uniría a nosotros. Nos dijo que el sacerdote era aburrido y se disculpó mucho y esperaba que esto no arruinara nuestro tiempo en su casa.

Cuando llegó el cura, todos lo ignoraron y algunos de los invitados fueron abiertamente groseros. En cierto momento, durante el desayuno, alguien contó un chiste obsceno sobre una monja. Comencé a sentirme incómoda y a sentir pena por el sacerdote. Por la noche, mientras todos se vestían y se iban al casino a bailar, beber y jugar en las mesas, yo me quedaba con el cura, ya que yo no había empacado ropa de noche.

El cura y yo cenábamos juntos y a veces caminábamos por los jardines bajo los árboles o nos quedábamos adentro de la casa leyendo tranquilamente en sillones uno al lado del otro. En nuestras charlas, hablábamos de la diferencia entre ser misionero y antropólogo y la diferencia entre convertir o respetar las creencias de una cultura indígena. Con el paso de los días, el servilismo hacia el barón iba de mal en peor y todos querían salir a dar una vuelta en su fabuloso coche. Al cura y a mí nos ignoraban casi siempre.

Y entonces la broma fue revelada. Me hallaba en una novela de Alejandro Dumas.

La noche antes de irnos, tomando unas copas después de la cena, el dueño de la casa pidió a todos que guardáramos silencio porque tenía que anunciarnos algo. Dijo que nos había jugado una broma y había salido mejor de lo esperado. Dijo que había decidido dar una sorpresa, jugar, hacer un chiste.

«Nada es lo que parece», dijo. «El cura es el barón y la persona que se ha hecho pasar por el barón es mi primo interpretando el papel».

No hubo risas ni resultó gracioso.

El salón se convirtió en una casa de espejos.

Y todos se quedaron en silencio y había una atmósfera de terrible indignación. Era como si el embuste fuera un espejo malvado en el que todos tenían que mirarse y ver quiénes eran. Todos podían ver sus enormes cabezas y sus bocas diminutas, sus vientres redondos y sus largos cuellos. Cuando sonreían, fruncían el ceño. Cuando reían, había llanto en sus rostros.

Las cinco parejas se marcharon esa misma noche y yo me quedé con el barón y el dueño de la casa.

Durante el resto de mi estancia conduje por la campiña francesa con el barón. Me ofreció cigarros y ambos fumamos tranquilamente, como si el humo que salía de nuestras bocas fueran palabras. Cuando terminamos, tiramos las colillas por las ventanillas del Jaguar. Lo mejor de fumar en aquellos tiempos era que el humo siempre reemplazaba a la conversación.

París 3

Fragmentos de los Diarios de París:

Hal viene de visita a París. Por las noches se acurruca cerca de mí sin saberlo. ¿O sí? Duerme con su cabeza sobre mi pecho y sus brazos alrededor de mí.

Dominique, mi novio francés, me pregunta si hay algún secreto del que dependa mi vida entera. Nos peleamos todo el tiempo y luego me pide que me case con él. Digo no y escucho un eco: no no no no.

Hal lee mi diario sin permiso. Lee mis notas de lectura con citas de *Madame Bovary*, «La denigración de aquellos a quienes amamos siempre nos separa un poco de ellos», y de Balzac: «Un hombre no debe casarse sin haber estudiado anatomía y diseccionado al menos a una mujer», e incluso lee mis notas sobre las ideas de Molière en torno al tabaco. Al respecto, Hal escribe en mi diario con sus rápidos garabatos: «Todos sobre los que escribes son monstruos».

Anoche cené con Robert, que es bisnieto de Matisse y un poco mayor que yo. Sabe todo sobre las catacumbas bajo París. Ayer por la mañana, en los bosques de las afueras de la ciudad, cazó al faisán que comimos, que cocinó con un delicioso puré de cebolla. Comimos en un comedor rodeado de Matisses en cada pared.

La servilleta de lino blanco yacía sobre mi regazo como una bandera de rendición. No se dio cuenta.

Tengo veinte años. ¿A dónde iré?

París 4

«En diez pedazos, mi corazón se ha partido en diez pedazos», es casi lo primero que dice mi exnovio de Nueva York cuando viene a visitarme a París. No se queda conmigo.

Él había sido miembro de una banda que tocaba en muchos clubes de Nueva York. Promocioné a la banda o, a veces, me encargaba de las luces en los conciertos, pero durante unos meses en 1979 fui principalmente la novia en la mesa a la derecha del escenario.

Dijo: «Nunca te amé».

Le dije: «Yo te amaba. En cualquier caso, ahora yo bien podría ser una extraña. Ya no me conoces».

Pero nuestros cuerpos se conocían y hasta nuestras sombras se saludaban con amabilidad.

Esta historia solo es importante porque con ella aprendí que el cuerpo puede recordar lo que el corazón ha olvidado. Rodilla con rodilla, cadera con cadera, brazo con brazo y boca con boca, encajamos como dientes en una cremallera.

Un rayo golpea otra vez

THE NEW YORK TIMES
CÁNCER POCO COMÚN ENCONTRADO EN
41 HOMOSEXUALES
Por Lawrence K. Altman
3 de julio de 1981

Médicos de Nueva York y California han diagnosticado entre hombres homosexuales 41 casos de una forma de cáncer rara y a menudo rápidamente mortal. Ocho de las víctimas murieron en menos de 24 meses después de que se hiciera el diagnóstico.

Se desconoce la causa del brote y hasta el momento no hay evidencia de contagio. Pero los médicos que han hecho los diagnósticos, principalmente en la ciudad de Nueva York y el área de la Bahía de San Francisco, están alertando sobre el problema a otros médicos que tratan a un gran número de hombres homosexuales, en un esfuerzo por ayudar a identificar más casos y acortar la demora en ofrecer tratamiento de quimioterapia.

Mi vecino Klaus Nomi fue la primera persona conocida que murió de SIDA. Me lo topaba en las escaleras que conducían a nuestros apartamentos y apenas podía subir los cuatro pisos. Descansaba a cada paso. Vi cómo se convertía en un esqueleto andante. Dejó de hablar, como si hasta las palabras le restaran energía. Yo le llevaba manzanas o zumo de manzana y, si estaba demasiado débil para abrir la puerta, le dejaba afuera los alimentos en paquetitos, en el pasillo. Pero algunos días lo escuchaba cantar: «Un rayo golpea otra vez». Pensé que era un anhelo de amor, pero era un anhelo de vida.

Cuando le conté que había visto morir a una amiga mía al ser alcanzada por un rayo cuando yo tenía once años, me pidió que le contara la historia con todos los detalles.

Yo había estado corriendo a campo traviesa, huyendo de la lluvia y del cielo iluminado por relámpagos. Dejé de correr para mirar a mi amiga, Ginny, que se había caído y yacía sobre la hierba alta y húmeda. La enorme descarga eléctrica la había dejado completamente azulada. Ella murió y a mí los rayos ni siquiera me tocaron, aunque corría solo unos metros delante de ella.

Klaus preguntó: «¿Cómo así?».

Respondí: «Fue ese tipo de suerte, ya sabes, la buena-mala suerte».

Varias veces al mes, Klaus llamaba a mi puerta, al ritmo de la Quinta de Beethoven, para darme barritas de limón y galletas. Me pedía prestado mi maquillaje.

La noche que cantó en *TV Party* iba muy a su estilo, con maquillaje exagerado y lápiz labial negro. Desde la ventana de mi baño, que daba a la ventana de su cocina, lo escuché practicar por horas y horas durante todo el día.

La canción era «Mon coeur s'ouvre à ta voix» de la ópera *Sansón y Dalila* de Camille Saint-Saëns. La canción la canta Dalila para seducir a Sansón, ya que quiere que él le revele el secreto de su fuerza. Un estribillo del aria dice: «Responde a mi ternura».

Más de una docena de veces, entre gemidos y susurros, escuché a Klaus cantar «responde a mi ternura».

Este día está en mi lista de los días más tristes jamás vividos.

A partir del SIDA, nuestras salidas significaban ir a discotecas, fiestas y laboratorios para hacernos un análisis de sangre. La palabra «negativo» era una palabra hermosa llena de la luz del sol y un deseo de correr y correr. De repente todos escribíamos, pintábamos y cantábamos acerca del cuerpo y de la mortalidad. Queríamos que nuestro trabajo rebosara de valentía y rabia.

Los pinceles, las barras de pintura o los crayones de niño de Jean-Michel Basquiat eran espadas, dagas y cuchillos.

Y había humor y risas.

En una pared de Houston Street, entre Mott y Mulberry y al lado del Milano's Bar, la palabra «NEGATIVE» («NEGATIVO») estaba escrita veinte veces.

A un lado, garabateado con pintura en aerosol negro, se leía: YOU DIDN'T GO TO THE PARTY OBVIOUSLY! (¡NO FUISTE A LA FIESTA, OBVIAMENTE!).

La viuda Basquiat

Suzanne tenía el cabello negro largo y lacio, ojos negroverdoso y piel muy blanca. Su madre era británica y su padre era palestino. Cuando era niña, su madre le daba crema blanqueadora para la piel. Su padre tenía un temperamento terrible, que fue una de las razones por las que ella se escapó de su casa en Canadá.

Suzanne y yo solíamos caminar por las calles buscando a Jean-Michel Basquiat, a quien ella amaba y con quien rompía y regresaba todo el tiempo, o para ver con quién podíamos pasar el rato. A veces íbamos al estudio de Rammellzee, «The Battle Station», para ver sus criaturas robóticas en patinetas, cada patineta representaba una letra del alfabeto. Había un cartel en el estudio que decía «El que muere con más juguetes, gana». Él amaba a Suzanne e incluso le compró un par de zapatos en Fayva cuando notó que los que ella llevaba estaban todos gastados.

Los jueves por la tarde, antes de nuestro turno como meseras, íbamos a Gracie Mansion Gallery o a Patti Astor's Fun Gallery, la primera galería de arte del centro de Nueva

York que exhibía arte grafiti y llevó la cultura hip-hop al dominante mundo del arte blanco. Mientras mirábamos las obras de Kenny Scharf, Keith Haring o Fab 5 Freddy, Suzanne decía «Interesante» y fumaba su Marlboro rojo, «Interesante, interesante, muy interesante», y volvía a fumar su Marlboro rojo.

Seguíamos al DJ Afrika Bambaataa por los clubes. Se presentaba en Negril, un club de reggae en la 2nd Avenue y la 11th Street, Danceteria y luego principalmente en Roxy y Peppermint Lounge. Tocaba soul, jazz y reggae y creaba un ambiente deteniendo sus discos a medio girar y luego haciéndolos girar de un lado a otro. Era impredecible, pues tocaba una canción latina y luego a Led Zeppelin seguido por Eddie Money cantando «Baby Hold On», «Stand!» de Sly and the Family Stone o «Thank You (Falettinme Be Mice Elf Agin)» y luego mucho reggae y electrofunk. Bambaataa fue el fundador de Universal Zulu Nation, que coordinaba grupos, a menudo una extensión de las pandillas del Bronx y Nueva York, como un orgulloso movimiento musical. Zulu Nation contaba con la Reina Zulú Kenia y Makeba, así como con guerreros, líderes, reyes y jefes zulúes.

Éramos grandes admiradores de Kid Creole y los Coconuts y nos asegurábamos de ir a los clubes donde tocaban. Coati Mundi, quien cofundó el grupo y tocaba el vibráfono, y Suzanne siempre estaban riendo y guiñándose el ojo como si un guiño fuera un beso. Suzanne y yo nos sabíamos completas las letras de las canciones «The Lifeboat Party» y «Stool Pigeon».

Suzanne era incesante en su queja de que sus zapatos le quedaban chicos, herencia de una infancia de pobreza. Y así, en su honor, Jean-Michel pintó a Suzanne en un cuadro llamado *Big Shoes (Zapatones)*. En el retrato, Suzanne parece una niñita con los zapatos y el lápiz labial rojo de su madre.

Yo ya sabía que si no podías darle algo a alguien, podías escribirlo. Estaba repartiendo regalos en mis poemas. Jean-Michel le pintó a Suzanne unos zapatos grandes para que los tuviera. Yo le escribí un loro verde para que tuviera uno.

En 1981, en el momento en que Rene Ricard escribió un importante ensayo sobre Basquiat, «El niño radiante», Suzanne ya no trabajaba para Rene transcribiéndole sus escritos a un dólar por poema. Él le llevaba fragmentos de cosas que había escrito en servilletas, recibos o incluso cuadritos de papel higiénico para que los mecanografiara. Cuando la vieja máquina de escribir que Rene le había regalado dejó de funcionar, Suzanne planchaba los poemas hechos bola presionando las arrugas con las manos y me los daba para que yo los mecanografiara.

Rene y yo publicamos nuestros primeros poemas en el *Poetry Project Newsletter* editado por la iglesia de St. Mark en el Bowery, donde asistíamos a las lecturas de poesía del domingo por la tarde.

Mis poemas de aquella época tratan sobre Rapunzel, los museos, los esqueletos de homínidos encontrados en la cueva Shanidar, con títulos como «Cielo de peces y premoniciones», «Mientras voy hacia el este», «Cincuenta y cuatro» y «Tus manos recuerdan. Aunque tú no».

Allí trabajaba el poeta James Ruggia y Rene estaba muy enamorado de él. Rene le decía: «Ven a vivir conmigo y te daré un cuartito junto a la cocina donde podrás coser y zurcir tus calcetines».

En 1993, James se casó con Beverly, mi amiga del colegio de Kingswood Cranbrook.

Rene me regaló un ejemplar de su primer libro de poesía, que fue publicado en 1979 por la Dia Art Foundation con una cubierta azul Tiffany. En la introducción, Rene escribió: «No deben confundirse los poemas en sí con el libro que los contiene; no soy un escritor. Fabrico poemas».

El 22 de mayo de 2014, Suzanne y yo fuimos al funeral de Rene en la sinagoga de la calle Eldridge.

Suzanne me preguntó si recordaba algo de la poesía que habíamos mecanografiado.

Había una frase que se me había quedado grabada: «Mis infinitivos nunca se dividen».

Publiqué poemas en el *Poetry Project Newsletter* y, después de ir al Club 57, los leí en la iglesia de St. Mark. El espacio todavía olía al devastador incendio del 27 de julio de 1978: el campanario resultó dañado, el órgano destruido, una sección del techo de la iglesia se derrumbó y nueve de las veintitrés vidrieras se perdieron.

La iglesia de St. Mark fue el lugar donde tuvo lugar el lanzamiento en Estados Unidos de mis memorias *La viuda Basquiat*, sobre Suzanne y su relación con Jean-Michel, que fueron publicadas en 2000 por Canongate, la única editorial a la que le encantó el libro, después de que diecinueve editores lo rechazaran porque no sabían quién era Basquiat y pensaban que a nadie le importaría su novia. En la contraportada de esta primera edición se encuentra uno de los dos retratos de Suzanne que mi madre pintó cuando me visitó en México en 1994.

En la iglesia de St. Mark leí: «Siempre guarda la heroína en su peinado de colmena. El polvo blanco escondido en el crepé. Los policías no pueden encontrarlo; los drogadictos tampoco».

Y

Jean-Michel ha encontrado a Suzanne como se encuentra una cajita, un abrigo viejo, una moneda de un centavo en la acera, ha encontrado a un niño como él, que también conoce su esqueleto.

La lectura se realizó el domingo 9 de septiembre de 2001.

Dos días después, las imágenes de televisión mostraban en cámara lenta a las Torres Gemelas cayendo una y otra vez, como si nunca fueran a dejar de caer por los siglos de los siglos. Había imágenes de médicos en la calle, esperando afuera de todos los hospitales de la ciudad de Nueva York a que llegaran las víctimas. Todos los médicos de la zona tuvieron que presentarse en sus salas de urgencias, por lo que también llamaron a Suzanne, que ahora era médica.

La llamé por teléfono y me dijo que andaba dando vueltas fuera del hospital esperando las ambulancias con los médicos, pero que nadie había aparecido.

«Todos los médicos y todos en el hospital saben que todo esto es teatro. Necesitamos que nos vean aquí, pero no llega nadie», dijo.

«¿DOLOR O PLACER?»

Jean-Michel, de ascendencia haitiana e hispana, vivió con su familia en Miramar, Puerto Rico, de 1974 a 1976. Sabía de los pueblos taínos de la isla. Los dichos boricuas abundan en su obra y el idioma español llenó sus lienzos: *fuego, flores, peligro, abuelita, milagro, Campeón de boxeo, El gran espectáculo*. Su gran amigo era un compatriota puertorriqueño, Al Díaz, con quien pintaba aforismos en el tren D de la línea IND del metro.

En 1981, Jean-Michel pintó a un policía blanco con aterradores ojos rojos y las palabras «LA HARA» escritas cuatro veces en el lado izquierdo de la obra. *Hará* en la jerga puertorriqueña significa «policía».

Cuando le conté a Jean-Michel que los programas de televisión de nuestra infancia en Estados Unidos estaban doblados en México, me hizo enumerárselos y no podía creer que Buckwheat, de *Los pequeños traviesos*, se llamara Perlita en español. Nuestros episodios favoritos eran «El novio y la maestra» y «La señora Jones se va a casar», y en algún lugar de una pintura imagino que tenía que haber escrito la cita de Stymie «La madera no crece en los árboles», lo que nos hacía reír a cada rato.

En *Los locos Adams*, Homero siempre le pregunta a Morticia si quiere «¿Dolor o placer?». Cuando le dije a Jean-Michel la pregunta en español, él la escribió en un dibujo junto a la palabra «CORNFLAKES» («HOJUELAS DE MAÍZ»). También me pidió que garabateara el tema musical en español para que lo memorizara.

Tenía curiosidad por saber quién era mi pintor mexicano favorito. Cuando dije que era Hermenegildo Bustos, Jean-Michel sacó un marcador del bolsillo de su chaqueta y escribió el nombre en la palma de su mano.

Charlie Mingus se inspiró en México e incluso había escrito una versión jazzística de mariachis mexicanos llamada «Los Mariachis» en su álbum *Tijuana Moods*.

Jean-Michel me preguntó si sabía que Mingus había muerto recientemente en México.

«Sí», dije.

«Fue a ver a un famoso chamán indio que lo operó».

«Sí», dije.

«¿Quién era él? ¿Quién era este sanador?»

«Ella era Pachita», le dije y le conté mi propia experiencia al visitar a Pachita.

En 1978, Mingus fue operado por Pachita en la Ciudad de México. A los 56 años, la esclerosis lateral amiotrófica lo debilitó y ya no podía tocar el contrabajo.

Después de la visita a Pachita, la esposa de Mingus, Sue Graham, escribió sobre la experiencia en sus memorias, diciendo que Pachita «sabe cómo cortar, justo entre los poros. ¡De Dios a Pachita!»

Jean-Michel me preguntó una vez sobre Jesús Bracho, nombre que luego garabateó y tachoneó en uno de sus cuadros sin título de 1985. Bracho había estado a cargo del diseño de producción de la película surrealista de Luis Buñuel, *El ángel exterminador*, filmada en México. Jean-Michel y yo podíamos citar la película. Era un juego entre nosotros.

Le gustaba recordar la escena posterior a cuando todos se despiertan de un largo sueño en el salón, todavía vestidos con el elegante traje de la noche anterior: «Estas ropas tan rígidas son para estatuas y no para hombres, especialmente a las cinco de la mañana...».

Luego yo le preguntaba: «¿Qué comes?».

Y Jean-Michel respondía: «El papel, señorita, no es muy apetecible, pero sirve para engañar el hambre».

POLAROIDS

Tengo una caja llena de fotografías Polaroid que se han descolorido. El olor venenoso del negativo que despegué y tiré aún persiste en el papel.

Hay fotografías mías bailando en un rincón con Hal en el Mudd Club.

Hay Polaroids que tomó Basquiat, que me dio Zoë Anglesey, nuestra amiga en común que era crítica de jazz y editora de la revista de jazz *Ace* de Brooklyn. Ravi Coltrane le escribió una canción titulada «For Zoë». A Jean-Michel y Zoë les gustaba hablar de música y él decía que su arte era jazz pintado.

Un mes antes de la muerte de Zoë en 2003, Barbara y yo la llevamos en silla de ruedas al zoológico del Bronx para visitar a los gorilas del Congo Gorilla Forest, que se inauguró en 1999 y era en ese momento la selva tropical más grande jamás construida. Era una tarde oscura de diciembre con un lienzo de nieve cayendo y éramos las únicas visitantes. Durante varias horas vimos a las familias de gorilas jugar, reír, pelear y mirarnos fijamente, a través de los altos muros de vidrio.

Más tarde, al regresar a Manhattan en un taxi, Zoë nos contó que había sido la amante de Miles Davis de cuando en cuando durante años. También nos dijo que siempre había sido no deseada y que creció en un orfanato. Aquel viaje invernal al zoológico del Bronx para ver a los gorilas fue su viaje de despedida.

Antes de morir, me regaló una serie de Polaroids enmarcadas tomadas por Jean-Michel. Están completamente descoloridas y ahora son solo un cuadrito de nada en el cielo negro.

¿Qué muestran?

¿Policías en un vagón de metro?

¿Las manos de Alba Clemente atrapando lluvia?

¿Los ojos de Maripol?

¿La boca de Suzanne?

¿Los dedos de Jean-Michel en la boca de Suzanne?

Tengo otras Polaroids que tomé en 1983, que también se han descolorido por completo.

¿Hay alguna foto de Suzanne de su presentación en Pyramid cuando decidió que quería ser cantante? Suzanne cantó «Summertime» una y otra vez durante una hora. Esa noche, Suzanne contrató a dos hombres corpulentos que conoció en la calle como guardaespaldas para que se colocaran a cada lado del escenario como si estuvieran protegiendo a una celebridad.

¿Hay alguna fotografía de un vagón de metro con las palabras garabateadas «LET ME PLEASE YOU IN YELLOW?» («¿ME DEJAS COMPLACERTE EN AMARILLO?»)

¿Hay un atardecer en la playa de Nantucket?

¿Hay una macana de policía blanco contra el cielo nocturno?

¿Existe una fotografía de la pequeña mano de Suzanne en la pequeña mano de Michael Stewart antes de que él abandonara el Pyramid el 15 de septiembre de 1983? Más tarde esa noche, fue brutalmente atacado por seis policías blancos cuando lo sorprendieron pintando con aerosol «RQS» en una pared de la estación de metro de la First Avenue L con destino a Brooklyn a las 2:50 a.m. Murió después de trece días en coma.

La Tulipe

En La Tulipe trabajé en el guardarropa y revisé los abrigos de Jackie Kennedy Onassis y Lillian Hellman muchas noches, mientras cenaban allí juntas dos veces al mes.

Ubicada en la West 13th Street desde 1979 hasta que cerró en 1991, La Tulipe fue uno de los primeros lugares costosos de precio fijo en la ciudad de Nueva York. Desde el guardarropa y más allá de la pequeña barra de ostras podía mirar el comedor, con sus paredes de color baya oscuro cubiertas de espejos, y observar a Lillian Hellman, que solía fumar y comer al mismo tiempo: una calada y un bocado, una calada y un bocado, una calada y un bocado.

Como una botella con un mensaje en el océano, a veces colocaba un poema mío mecanografiado en los bolsillos de estos costosos abrigos.

Dado que había tiempo libre antes de que los comensales terminaran, pagaran y salieran a buscar sus abrigos, John Darr y yo nos poníamos a platicar. Él y su esposa, Sally Darr, la chef que había sido una de las editoras principales de la revista *Gourmet*, eran dueños del restaurante. Sally fue la primera chef seria en un restaurante de Nueva York después de Leslie Revsin y La Tulipe era conocido por sus soufflés de albaricoque y sus filetes de pargo cocido en papel pergamino con hinojo. John era cuáquero y fue fundador del Consejo Mundial de la Paz en 1950, además de miembro del Consejo Cristiano Unido para la Democracia y de la Cruzada Estadounidense por la Paz. En 1953, estos antecedentes lo convirtieron en el blanco del Comité de Actividades Antiestadounidenses de la Cámara de Representantes. Solía hablarle sobre los comunistas estadounidenses y mexicanos de los que mi padre se hizo amigo en México y teníamos charlas filosóficas sobre cómo hacer cambios en el mundo a través de la violencia y la no violencia.

Estaba empezando a publicar algunos de mis primeros poemas y le pregunté a John si podía usar el nombre de mi madre. Fue él quien dijo que, más que un acto de feminismo, Clement era el nombre que debía usar porque era antiguo y porque significaba misericordioso.

En aquella época, La Tulipe era uno de los restaurantes más caros de Nueva York. Todas las noches, antes de cerrar, contábamos los cubiertos, que disponíamos en una mesa del comedor. Y todas las noches robaban al menos una fina cuchara cafetera de plata.

Cuando regresé de París también trabajé como pasante para Viking Penguin Press, donde estaba a cargo de revisar un montón de propuestas de manuscritos. En los sobres junto con los manuscritos llegaban dinero, fotografías, cheques y cartas amenazadoras. Un día llegó una carta de John

Hinckley, el hombre que había intentado asesinar al presidente Ronald Reagan, desde el Hospital St. Elizabeths. Decía que tenía una historia interesante que contar.

Yo compartía oficina con la escritora Abigail Thomas, quien, entre dramas familiares y llamadas a Stephen King y a Peter Matthiessen, escribía poemas breves y hermosos. Una vez, en una mañana ocupada mientras los teléfonos sonaban a nuestro alrededor, se volvió hacia mí y me dijo: «Oye, ¿alguna vez has notado que cada vez que haces el amor con algunos hombres llueve?».

Mi amiga Nancy Shore inauguró en aquellos días una tertulia literaria a la que yo iba con el escritor J. B. Miller cada dos miércoles por la noche. El compañero de piso de Nancy fue el primer manager de Whitney Houston y la cantante venía a menudo en esas noches para pasar el rato y escuchar nuestros poemas y obras de teatro. Solíamos ir a escucharla cantar a los clubes de jazz de la ciudad. Una noche, cuando J. B. acababa de regresar de un viaje a París, me regaló una gran flor de cerámica violeta que se había robado de una tumba en el cementerio de Père-Lachaise.

Los muros eran papel y los trenes eran libros

Los grafiteros se llamaban a sí mismos escritores y nunca grafiteros, que era un término asignado por periodistas y críticos de arte.

Decían: «Vamos a escribir», o preguntaban: «¿Eres escritor?» o «¿Qué escribes?».

Yo leía los muros y los trenes del metro como si fueran páginas.

Hay destreza en cómo se usa la lata de pintura en aerosol. El metal del aerosol debe agitarse bien para que la pintura no gotee. Los escritores llaman a esas gotas «lágrimas». Cuando la pintura gotea mucho se dice «llorar».

Una vez, mientras caminaba por la A Avenue , pasando por el parque Tompkins Square, leí palabras que lloraban de azul a lo largo de una pared. Las letras redondeadas en forma de globo decían: «HE MAKES ME EAT MEAT» («ÉL ME HACE COMER CARNE»). Debajo de estas palabras estaba escrito: «WHY DO FATHERS WALK OUT ON THEIR KIDS?» («¿POR QUÉ LOS PADRES ABANDONAN A SUS HIJOS?»).

Sabía que Dondi White había existido cuando *Children of the Grave* (*Hijos de la tumba*) apareció en los vagones del metro firmados por él. Fue muchos años antes de que realizara su gran obra en un costado de los tres trenes subterráneos. *Children of the Grave* también se escribió antes del SIDA. Estas obras eran magistrales porque estaban destinadas a ser vistas mientras el tren pasaba a toda velocidad, por lo que las letras parecían estar en movimiento, huyendo. Dondi fue un genio. Hizo esto sin tiro visual para ganar perspectiva, escribiendo a medio metro de distancia del tren o incluso entre trenes en los hangares del metro.

Dondi y yo nos hicimos amigos en el Mudd Club, donde ambos íbamos a ver a Sur Rodney (Sur) entrevistar a artistas para su *ManHattan Cable Television*, programa que se realizaba en el club. A Dondi no le gustaba ir de antros, así que iba a Bandito, el restaurante mexicano donde yo era mesera, y ahí pasaba el rato. Le di a Dondi un poema, que dijo que reproduciría en el costado de un vagón del metro. No sé si lo hizo alguna vez y no recuerdo el poema. Tenía una dulzura que aparecía en su obra en la imagen inesperada de una flor, una estrella o una abeja. Me dijo que la idea de *Children of the Grave* fue tomada de una canción de Black Sabbath: «Los niños del mañana viven en las lágrimas que caen hoy…».

Dondi fue miembro de The Dead Squad (Escuadrón de la Muerte), que incluía a Kool Aid 131, Bear 167, Toxic y Mr. Jinx 174, entre otros a lo largo de los años. Su trabajo estuvo en toda la línea número 1 de Broadway, etiquetado con su acrónimo TDS. A menudo llegaban a las líneas 2 y 3. Aunque bombardeaban (publicaban su arte rápidamente y en tantos lugares como fuera posible) todo el tiempo, estaban más interesados en el arte que en el bombardeo y su estilo incluía la creación de alfabetos salvajes que, a propósito, eran difíciles de leer. TDS no solo quería respeto por sus habilidades, también quería ser conocido por arriesgarse. Había un gran peligro en la creación de estas obras: podían ser arrestados, golpeados o asesinados.

Los *Truismos* de Jenny Holzer aparecieron en las paredes y estaban allí para ser leídos. Imprimía estas máximas y las pegaba en muros y escaparates. Yo leía: «OLD FRIENDS ARE BETTER IN THE PAST» («ES MEJOR DEJAR A LOS VIEJOS AMIGOS EN EL PASADO») y «CONFUSING YOURSELF IS A WAY TO STAY HONEST» («CONFUNDIRSE ES UNA MANERA DE SEGUIR SIENDO HONESTO»).

Un verano, Jean-Michel escribió, con el nombre Samo, por todo el Lower East Side. En letras enormes a lo largo de una pared:

THESE INSTITUTIONS HAS THE MOST POLITICAL INFLUENCE: A: LA TELEVISION. B: CHURCH. C: SAMO. D: McDONALDS. (ESTAS INSTITUCIONES TIENEN LA MAYOR INFLUENCIA POLÍTICA: A: LA TELIVISIÓN. B: LA IGLESIA. C: SAMO. D: McDONALDS.)

Jean-Michel estuvo en la exposición «Beyond Words» organizada por el artista visual y cineasta Fab 5 Freddy y por Keith Haring en abril de 1981. Fue la primera vez que la escritura en el metro y los muros se presentó como arte visual. Keith Haring, Futura 2000, Kenny Scharf, Rammellzee, Lady Pink y otros fueron parte de la exposición. Esa noche, la escena hip-hop del Bronx y la escena del East Village de Nueva York se unieron en la 77 White Street, en la galería del cuarto piso del Mudd Club.

Parecía que esa noche todos se habían unido en un momento que habíamos visto venir y que solo duraría unos años más.

Incluso después de que Jean-Michel escribiera «SAMO IS DEAD» («SAMO HA MUERTO») en las paredes del Bowery y del SoHo, anunciando su retiro como grafitero, su obra nunca dejó de ser obra para ser leída. Siempre fue escritor y algunos de sus cuadros son manuscritos. En su pintura *Roast (Asado)*, con el dibujo de Al Jolson con cara negra, escribe «MALCOLM X VERSUS ~~AL JOLSON~~» y abajo del lienzo están las palabras: «BLUE RIBBON» («LISTÓN AZUL»), «NECK» («CUELLO»), «COTTON SLAVES» («ESCLAVOS DEL ALGODÓN»), «NEGRO SPIRITUALS» («ESPIRITUAL NEGRO»), «PIG + BEANS» («CERDO + FRIJOLES»), «ALL BEEF» («TODA LA CARNE»). En una esquina aparece la forma icónica de una casa con una «S» de Suzanne en el interior.

Panadería D&G

Cuando seis o siete Cadillac Coupe DeVille negros o azules subían por la Mulberry Street, Beverly y yo sabíamos que una de las familias de la mafia italiana estaba teniendo una reunión en el Ravenite Club.

En 1978, Julien Jackson, que estaba casado con la tía de Beverly, Mary, la bailarina principal de Martha Graham, compró la panadería D&G en la Pequeña Italia a Guido Pradella. La panadería tenía un horno de ladrillos subterráneo de carbón de cien años de antigüedad, que había sido un horno de pasteles alemán, y fue una de las primeras panaderías en la ciudad de Nueva York en vender pan italiano rústico a los restaurantes.

Esta pudo haber sido la primera vez que a un afroamericano se le permitió hacer negocios en la zona y Julien tuvo que obtener permiso de los clubes de la mafia italiana. La entrada del horno estaba en la calle Mulberry y el escaparate de la panadería en Spring. Julien tuvo que pedir permiso a la familia Gambino y llegaron a un acuerdo. Julien no pensó en consultar a la familia Genovese, ya que no sabía que la Spring Street era su territorio. En represalia, incendiaron algunos de los camiones de reparto de Julien.

Yo sabía cómo funcionaba esto. Había ocurrido en México con la fábrica de mi padre.

Julien era un hombre de negocios, pero también había trabajado para el Departamento de Salud de Nueva York como oficial de control de radiación, por lo que tenía el conocimiento necesario para comprender la ciencia detrás de la elaboración del pan, así como el verdadero respeto por la artesanía y la tradición italianas. Cuando necesitaba panaderos o personal, colocaba anuncios de empleo en *Il Progresso*, el periódico en italiano de Nueva York.

Beverly se mudó a la ciudad de Nueva York en 1981. Desde nuestros días en Cranbrook, nos habíamos visto con frecuencia en México o en París, donde ella se quedó conmigo por un tiempo. Pasaba muchas tardes con ella en la panadería. Julien se enorgullecía de contratar a artistas jóvenes y se formó una comunidad efervescente alrededor del lugar.

Cuando estaba en D&G con Beverly, su prima Jenny y Rachel McDavid, una amiga y artista que trabajó en la panadería durante años, mirábamos por el escaparate directamente al club Ravenite y veíamos a los mafiosos en acción. Al sentarnos en el mostrador dentro del local, y debido a la forma en que se abría el toldo de la panadería, era fácil ver lo que pasaba en la calle sin ser visto. Aquellos hombres pasaban la mayor parte del tiempo hablando fuera del club, pues creían que el lugar tenía micrófonos. Hasta en la calle se percibía su colonia Hai Karate y Old Spice. Muchos años después supimos que el FBI trataba de encontrar formas de colocar micrófonos en los parquímetros fuera del club.

John Gotti era una presencia habitual en el Ravenite, que estaba custodiado por dos dóberman negros. Al club se le puso ese nombre por «El cuervo» de Poe, que era el poema favorito de Carlo Gambino.

Constantino Paul Castellano, a quien Gotti ordenó un ataque en 1985 en el Sparks Steak House, solía aparecer de vez en cuando. Cuando veíamos que Castellano iba y venía, sabíamos que ya había hecho una fortuna con el cemento, pero que también tenía un exitoso negocio avícola llamado Dial Poultry que entregaba pollos a más de trescientos carniceros en la ciudad de Nueva York. Era de conocimiento público que Castellano mandó matar al novio de su hija. El novio había ofendido a Castellano al compararlo con Frank Perdue, quien tenía el otro negocio avícola de Nueva York, Perdue Farms. En 2004, un testigo del gobierno confirmó este atentado y sus motivos.

Una vez, Beverly vio a un hombre que le habían dicho que era un famoso sicario de la familia Gambino caminar hacia la panadería. Iba vestido con pantalones grises satinados, que casi resplandecían, y un suéter negro ajustado de cuello de tortuga que mostraba sus músculos: un aspecto de asesino a sueldo. Hablaba acaloradamente con un hombre haciendo aspavientos, gesticulando frenéticamente con las manos. Cuando se metió debajo del toldo de la panadería, el sicario empujó al hombre contra el escaparate de la tienda y le apuntó violentamente con el dedo directamente a la nariz.

El sicario dijo: «¡Te dije que subieras y arreglaras el excusado de mi madre!».

En otra ocasión, Beverly estaba cerrando la panadería después del anochecer y, mientras pasaban, escuchó al mismo sicario decirle al hombre que caminaba con él mientras le hacía un gesto: «Sí, ella es negra, pero es buena onda».

Un incidente camino a una lectura de Borges

El 2 de octubre de 1982 fui a escuchar leer a Jorge Luis Borges. Como llegué temprano, entré en un bar con vista a la calle y tomé una copa de vino tinto. Un hombre apuesto, que decía ser de Rusia, se acercó y se sentó a mi lado. Pidió leerme la palma. Abrí la mano y miró las líneas con atención. Me dijo: «Si tienes miedo a la soledad, no te cases». Aquello era Chéjov.

En la conferencia, Borges dijo: «Toda poesía consiste en sentir que las cosas son extrañas».

Una vez que me gradué en la Universidad de Nueva York, trabajé en Times Books, que era una división del *New York Times*, como asistente editorial. Conocí a Robert O'Neill en Times Books, donde también trabajó mientras cursaba su maestría en Bellas Artes en la Universidad de Nueva York. Era hermano de una escritora gastronómica del *New York Times* y de un jardinero derecho del equipo de beisbol Yankees, que se convirtió cinco veces en All-Star y cinco veces campeón de la Serie Mundial. Robert era un escritor maravilloso con un gran corazón irlandés, que se entregaba a todo lo que hacía. Su sentido del humor y el consuelo de sus poemas podrían haber superado a casi cualquiera.

Pasamos juntos el verano de 1983 en Nantucket, trabajando en un restaurante. Por la mañana, los pescadores llevaban anchoas a la puerta trasera de la cocina. Las anchoas medían alrededor de un metro de largo y yacían una encima de otra en una cubeta de plástico rojo. Robert colocaba una de ellas sobre la encimera de la cocina y con un cuchillo grande y grueso y un martillo le enseñaba al joven ayudante de cocina cómo cortar el pescado. Robert cortaba la cabeza y luego, en trozos de aproximadamente tres centímetros y medio de espesor, cortaba el cuerpo del pez, golpeando con un martillo el cuchillo para aplastar las vértebras. Me encantaba verlo en esos momentos en los que estaba lejos de mí.

Una vez, mientras estaba abriendo una ostra, encontró una perla diminuta. Me mandó hacer un anillo con la perlita.

Robert memorizaba poemas. Recitaba a Dickinson, Lowell y Snodgrass y decía que necesitaba educarme lejos de la poesía latinoamericana y británica.

Terminamos, básicamente, porque yo quería vivir en México y él quería quedarse en Estados Unidos. Durante mis años en la ciudad de Nueva York, nunca tuve la expectativa de quedarme. Como cualquier mexicano en el extranjero, desde los más ricos hasta los más pobres, todos pensamos en México.

Unos años más tarde, después de haber regresado a vivir a la Ciudad de México y a punto de casarme, Robert me escribió para desearme lo mejor, pero también escribió: «Deberías saberlo, no tengo exnovias. No puedo dejar de amar».

Fue el anillo de compromiso de Robert, con un diamante en forma de lágrima, el que luego usé para pagarle al impresor en México por mi primer libro de poemas.

Llamadas nocturnas

Debajo del apartamento en el que vivía cuando me mudé de St. Mark's Place a la 14th Street había un centro de apoyo para mujeres que habían sido violadas o eran víctimas de violencia, fundado y dirigido por un grupo de mujeres voluntarias. La Ley de violencia contra la mujer no se aprobó sino hasta 1994, más de una década después.

Las mujeres que trabajaban en el centro me pidieron que me ocupara de las llamadas nocturnas. Esto significaba que todos los días a las cinco en punto me pasaban el teléfono por la ventana y yo me agachaba y lo subía con el cable todavía conectado a la toma del centro de apoyo.

Tenía una lista de preguntas que tenía que hacer si alguien llamaba y necesitaba ayuda. La primera pregunta era: «¿Estás a salvo ahora?». Si decían que no, les decía que llamaran al 911 o yo llamaría al 911 por ellas. En la mayoría de los casos, anotaba sus datos y al día siguiente uno de los voluntarios daba seguimiento a la llamada.

Todos los policías del país lo saben, me decían los voluntarios, que la peor noche del año por violencia contra las mujeres era la noche del Super Bowl. Esa noche no me encargaban que me ocupara del teléfono y dos voluntarios pasaban la noche acampados abajo.

En mis notas de estas llamadas, aparecen las palabras «tal vez», «quizás», «podría» y «posiblemente» una y otra vez, como si se pusieran en duda las agresiones:

Creo que tal vez tengo el brazo roto.

Quizás fui violada. Él es mi esposo.

Posiblemente tengo una conmoción cerebral, no puedo ver nada.

Quizás él tenía un cuchillo. Nunca antes se lo había visto.

Quizás mis hijos vieron algo.

Podría no estar en condiciones de caminar.

Me había estado acosando durante días. ¿Puedes oírme? Quizás estoy hablando bajito.

Te digo adiós

Yo me esperaba un taxi amarillo, pero Suzanne me recogió en una limusina negra. Llevaba un enorme sombrero de paja negro, que era casi como portar un paraguas. Yo llevaba una blusa larga de seda negra sobre jeans azules y un rebozo mexicano azul y negro con grandes aretes mexicanos de Oaxaca.

Había tantos taxis y limusinas afuera de la Galería Mary Boone que el conductor no pudo acercarse y tuvimos que bajarnos y caminar dos cuadras. Había una cola muy larga, pero un portero dejaba entrar a los famosos.

De vez en cuando, Jean-Michel miraba por la puerta a la multitud que intentaba entrar. Cuando vio a Suzanne con el gran sombrero, esbozó una sonrisa alegre y le indicó al portero que nos dejara entrar. Nos llevó a un lado de la abarrotada galería donde su madre, Matilde, estaba sentada sola en una pequeña sección acordonada. Iba ataviada sencillamente con un vestido negro y zapatos planos negros. Tenía una profunda línea de eterna preocupación entre las cejas. Jean-Michel nos ordenó a Suzanne y a mí que nos quedáramos con ella. Nunca nos separamos de su lado.

Matilde, Suzanne y yo nos sentamos en una fila de tres sillas, como si nos sentáramos en el banco de una iglesia. Matilde, que era artista y había acercado a su hijo al arte y lo había llevado a museos cuando era niño, estaba tranquila.

A los siete años, Jean-Michel jugaba en la calle y fue atropellado por un coche. Se rompió un brazo y sufrió heridas internas y tuvo que someterse a una esplenectomía. En el hospital, Matilde le dio a leer *Anatomía* de Gray. Posteriormente Jean-Michel utilizó aquellos dibujos anatómicos como inspiración para sus pinturas. Llamó Gray a su banda musical —a la que se refería como su «banda de ruido», en honor al libro—.

Desde nuestras sillas y a nuestra derecha podíamos ver *Brown Spots (Manchas marrones)*, el enorme retrato que Jean-Michel hizo de Andy Warhol. Lo representó como un enorme plátano amarillo, un tributo a la portada del álbum de Warhol para *The Velvet Underground & Nico*. Unos meses más tarde, como si se tratase de un duelo, Andy se la devolvió pintando a Jean-Michel como el *David* de Miguel Ángel.

En la galería, en la pared a nuestra izquierda, estaba *Deaf (Sordo)*, una pintura en rojo y blanco intensa de un hombre tocando un arpa bajo las palabras: «ARPA CIEGA».

Suzanne y yo nos preguntamos si Matilde estaba sobremedicada esa noche o simplemente abrumada por la fama de su hijo, ya que apenas se movía en su silla y no hablaba.

Incluso al saludarnos, solo inclinó la cabeza con gracia. Matilde respondía nuestras preguntas con monosílabos.

Suzanne: «¿No es maravilloso?».

Matilde: «Sí».

Jennifer: «Nunca he ido a Puerto Rico, pero soy de México».

Matilde dijo: «Ah, sí, México».

La multitud pasó y nos miró fijamente. De vez en cuando alguien que conocíamos nos saludaba. Éramos parte del espectáculo.

El pequeño y elegante catálogo de diecinueve páginas de color crema de la exposición contenía seis láminas a todo color, una fotografía en blanco y negro de Jean-Michel y un poema de A. R. Penck titulado «Poema para Basquiat». El poema comenzaba con la línea «Te digo hola» y terminaba con «Te digo adiós».

Te digo adiós.

Muchos años después de que Jean-Michel muriera, Suzanne y yo fuimos a visitar a Matilde a su pequeña y modesta casa en Brooklyn. No parecía saber quiénes éramos, aunque fue amable y cortés y nos sirvió limonada en una taza de café.

Cuatro dolientes pagados

Robert, Lili y el hermano de Robert, que era el novio de Lili, y yo trabajamos un día como dolientes. Yo había visto un cartel en el Actors Studio de la Universidad de Nueva York solicitando actores para pasarse por dolientes en un funeral en Long Island. El sueldo era de 45 dólares.

Yo llevaba mi vestido de terciopelo negro de Gloria Swanson y Lili un elegante traje color crema y un gorro de borla con un velo que le cubría el rostro. Robert y su hermano vestían traje y corbata. Salimos rumbo a Long Island en el camión de mudanzas que él y su hermano habían comprado para su negocio de mudanzas de un solo camión. Los cuatro íbamos apretujados en el asiento delantero.

En la iglesia solo había unos diez deudos en los bancos de madera de color marrón claro y nos preguntamos si a ellos también les pagarían. Los cuatro nos sentamos juntos y nos adentramos en las honras fúnebres solemnemente, inclinando la cabeza y luciendo muy serios. Cuando salimos, una señora parada rígidamente en la puerta nos entregó a cada uno un sobre que contenía nuestros 45 dólares.

Como estábamos en Long Island, decidimos ir a Jones Beach. Los chicos se quitaron las corbatas, se sacaron los zapatos y calcetines y se arremangaron los pantalones. Lili y yo nos quitamos los zapatos y las medias. Mientras caminábamos hacia el agua, dije: «Todo el mundo se enamora, y se les rompe el corazón, si bien les va ».

Sabíamos que los amoríos estaban llegando a su fin. Durante una o dos horas caminamos por la costa de arena blanca con nuestras ropas de luto, dolientes los unos por los otros.

«Encuentran cuerpo decapitado en un topless bar»

En 1983, Lili comenzó su línea única de tarjetas de felicitación hechas para parecerse a la portada del *New York Post* y basadas en su titular «Encuentran cuerpo decapitado en un topless bar». Su tarjeta más vendida fue una de Navidad con la leyenda: «Hombre gordo encontrado muerto en una chimenea, ocho renos mueren de hambre en el tejado».

Lili fue contratada por el dueño de Bandito, donde yo trabajaba con Suzanne, como directora creativa del restaurante. Junto con Chazz Petersen, uno de los miembros de Watchface, Lili hacía instalaciones y *performances* interactivos varias veces al mes. También organizaban noches de moda a las que llamaban «Luce como un maniquí» y «Vístete con lo que no te atrevías a ponerte».

A estas noches acudían casi siempre los artistas conceptuales David McDermott y Peter McGough. Habían decidido vivir como si estuvieran a finales del siglo XIX y vestirse como elegantes caballeros con abrigos largos, cuellos desmontables y sombreros de copa. Su destartalada casa en la Avenue C, en el Lower East Side, estaba amueblada con antigüedades, no tenían electricidad y se alumbraban con velas. A veces los conducían por el Lower East Side en un carruaje tirado por caballos.

Una de sus pinturas se titulaba *Cuando visitan el Louvre, los marineros estadounidenses atraen una atención considerable por ser guapos* y estaba fechada en 1914. Su lema era «Hemos visto el futuro y no nos iremos».

Como Bandito cerraba a las cuatro de la mañana, rápidamente se convirtió en un lugar a donde acudir a altas horas de la noche. El propietario nos permitía regalar bebidas, por lo mismo también se convirtió en un lugar divertido. Bandito fue uno de los primeros lugares en servir enormes margaritas heladas. En Chinatown, Lili compró bolsas llenas de una colección de animales y sirenas de plástico, que los meseros ataban a un costado del vaso alto de la margarita o lo ponían sobre la superficie nevada.

Pusimos la canción de hip-hop «Beat Bop» una y otra vez durante meses. Dejábamos todo lo que estábamos haciendo y bailábamos en el restaurante vacío. «Beat Bop» fue un sencillo de rap grabado por Rammellzee, K-Rob y Al Diaz. Jean-Michel produjo la canción y diseñó la portada. Dondi me regaló una copia, pues la regalaba a todos como si fuera un caramelo.

Get funky in the place!

¡Éntrale al funky donde estés!

Muchas noches Lili se sentaba conmigo mientras yo limpiaba el lugar a las cinco de la mañana. Bebíamos coñac en grandes copas globo y escuchábamos a María Callas cantando *La traviata*, como una especie de exorcismo del pop, hip-hop y new wave que habíamos puesto al máximo volumen toda la noche. Nuestra música se mezclaba con el sonido exterior del camión de la basura y del barrendero.

Y mientras cerrábamos, al otro lado de la calle en el Second Avenue Deli, Abe Lebewohl abría las puertas y dejaba entrar a sus cocineros y limpiadores. Al lado estaba la Capilla Sigmund Schwartz Gramercy Park, donde podíamos ver los cuerpos llegar temprano en la mañana, así como el final de un juego de póquer nocturno, que pensábamos era ilegal. En aquella funeraria se habían celebrado los servicios de Ethel y Julius Rosenberg. Durante unos minutos, mientras amanecía, el Lower East Side parecía del siglo XIX bajo la luz gris del primer destello del amanecer.

Abe Lebewohl era un hombre muy querido en el barrio. En su tienda de delicatessen contrató a sobrevivientes del Holocausto, que eran hombres y mujeres muy ancianos con los números tatuados de los campos de exterminio en sus brazos. Muchos no hablaban inglés. También alimentó a los sin techo. Todas las noches había una larga fila de personas, incluso algunas mujeres con niños pequeños, haciendo cola en la parte trasera del restaurante para comer. Si la fila daba la vuelta a la cuadra, regresaban al frente del restaurante, donde la acera estaba cubierta de estrellas del teatro yiddish de Nueva York, como las estrellas de Hollywood para los grandes actores. Se quedaban esperando pan y sopa junto a las estrellas de Molly Picon, Menasha Skulnik y Fyvush Finkel.

Mi hermana trabajó como mesera en Bandito y luego se convirtió en gerente y Abe y Barbara se hicieron buenos amigos. Pasaban mucho tiempo juntos, yendo y viniendo entre Bandito y el restaurante delicatessen, y muy a menudo desarrollaban ideas para ayudar al vecindario. Abe solía decir que él y Barbara deberían construir un túnel subterráneo entre los dos restaurantes para no tener que pasar todo el día cruzando la Second Avenue. En 1996, Abe fue asesinado cuando se dirigía al banco para hacer un depósito. El crimen nunca se resolvió.

Una vez, poco después de aquel suceso, yo estaba en Bandito con Barbara, recordando a Abe, cuando ella sacó un trozo de bordado de su bolso, lo puso en su regazo y empezó a coser. Se trataba de una tela de algodón estampada con dos nochebuenas sujetas a un bastidor de bordar, que había sido comprada en un puesto del mercado de San Ángel años atrás. Barbara lo había llevado consigo desde las clases de costura que teníamos con Chona en la calle Palmas, a la casa de mi madre después del divorcio de mis padres, al internado y a la ciudad de Nueva York. Llevaba el bordado sin terminar como si fuera un hilo que la alejara del Minotauro.

Décadas más tarde, en un festival literario en México, que se celebró en el puerto de Tampico en 2004, Barbara y yo conocimos al escritor Hugo Claus, quien había escrito *La pena de Bélgica* y también era conocido por ser parte del movimiento artístico CoBrA. Pronto nos dimos cuenta de que Claus estaba en una etapa avanzada de Alzheimer, ya que solo había empacado un libro y una camisa e incluso necesitaba nuestra ayuda para entender cómo abrir su maleta. Claus andaba confundido todo el tiempo y se perdió en dos ocasiones, tras lo cual Barbara se convirtió en su constante compañera y fue citada como su esposa en todos los periódicos mexicanos.

En esos días, Barbara y yo nos convertimos en costureras sacadas de un cuento de hadas. Antes de que Hugo Claus regresara a Bélgica, Barbara y yo fuimos al mercado de Tampico y compramos agujas, tijeras pequeñas e hilo azul y blanco.

Luego pasamos la última tarde de Hugo en México, antes de tomar su vuelo de regreso a Europa, sentados con él en su habitación, desde donde se podía contemplar una vista del puerto que se extendía hasta las aguas azul oscuro del Golfo de México. Le contamos sobre nuestras clases de costura y bordado y cómo, de niñas, una costurera iba a nuestra casa a hacernos la ropa. Barbara y yo nos sentamos juntas durante dos horas y le cosimos el monto de sus honorarios de 9,000 dólares en efectivo en las junturas y bolsillos de los pantalones y la chaqueta que usó para viajar de regreso a Bélgica.

REFRIGERADOR

Descalzo y vestido con un traje negro de Armani, camisa blanca y corbata, así fue como Jean-Michel posó para la portada de 1985 del *New York Times Magazine*. Fue el momento en que Suzanne se sintió abandonada y entendió que tenía que honrar su inteligencia. Fue la chispa que cambiaría su vida a médica con especialidad en psiquiatría.

Suzanne decidió vender su refrigerador cubierto con garabatos de Jean-Michel, una calavera con dientes y la palabra «TAR» («BREA») escrita dos veces. Lo habíamos usado como armario durante años y en algún momento había garabateado mi nombre en la esquina inferior derecha con un marcador marrón. Suzanne le preguntó a mi novio Robert si podía llevar el refrigerador a Sotheby's en su camioneta desde la calle 1 hasta la 72.

Suzanne y yo limpiamos el refrigerador y lo tallamos con jabón y bicarbonato antes de que saliera del apartamento de Suzanne.

Andy Warhol lo compró por 5,000 dólares.

En 2010, Suzanne, yo y otros amigos de Basquiat fuimos a la exposición de Basquiat en Basilea. Era el año en que Jean-Michel habría cumplido cincuenta años.

El refrigerador de Suzanne, cubierto con garabatos y palabras de Basquiat, estaba expuesto en una pequeña sala al fondo de una galería.

Mientras contemplábamos el refrigerador en el frío y reverente espacio de la galería con un cartel blanco al lado que decía «NO TOCAR», protegido por cables de alarma y un guardia del museo, Suzanne y yo nos giramos para mirarnos, mirarnos de verdad.

Era como si a nuestra vida entera la hubieran protegido detrás de una cuerda de terciopelo. Era como si el refrigerador todavía contuviera nuestras vidas a través de los objetos que imaginamos que aún descansaban dentro del frío interior blanco.

Detrás de la cuerda, vigilado por un guardia, dentro de ese refrigerador pintado con los garabatos de Basquiat y que usábamos como armario, pude ver mis poemas y libros, los exámenes de química y los apuntes de biología de Suzanne y las pulseras, las drogas y las manzanas.

Le dije a Suzanne: «Nadie habría apostado por nosotras».

En memoria de Joan

El 5 de febrero de 1985, Suzanne tuvo su exposición individual en la deteriorada galería Vox Populi en el 511 de la East 6th Street entre la Avenue A y B. Sus pinturas de George Washington como un hombre negro en un billete de un dólar y las figuras de dibujos animados de Dagwood y Blondie como negros, al igual que los grandes retratos de Malcolm X y Muhammad Ali, cubrían las paredes. Solo, en una pared a la entrada, estaba su retrato de Joan Burroughs con una manzana en la cabeza, que yo la había visto pintar durante semanas mientras escribía mis narraciones confesionales.

Era un espacio diminuto y la galería se llenó rápidamente. Lili me dijo que habían llegado dos integrantes de las Guerrilla Girls, quienes estaba segura eran las que tenían los apodos de Frida Kahlo y Hannah Höch. Las Guerrilla Girls se habían formaron ese año como respuesta a la exposición del MoMA «An International Survey of Recent Painting and Sculpture» con una lista de 165 artistas que incluía a solo 13 mujeres. Siempre estuve segura de que Lili era una de las Guerrilla Girls. Vestidas con sus máscaras de gorila, las Guerrilla Girls protestaban por la falta de mujeres artistas en museos y galerías. Lili siempre tenía información privilegiada, que me contaba y luego decía: «Olvida lo que acabo de decir».

Barbara y yo fuimos al espectáculo de Suzanne con capas largas como bandoleros, confeccionadas para nosotros por Maria Del Greco, que vivía al lado de Suzanne en la 1st Street.

Andy y Jean-Michel llegaron en una limusina negra, pero nunca entraron. Se quedaron afuera mirando la inauguración por la ventanilla del auto. Esto molestó tanto a Suzanne que ni siquiera se dio cuenta de que había pasado el resto de la noche caminando de puntillas, como si ese tipo de caminata pudiera hacerla de repente volar por la ventana hacia el cielo de Nueva York.

La exposición se vendió toda.

Suzanne me regaló el cuadro *En memoria de Joan*.

La fiesta posterior fue en Indochine.

Como regalo a Suzanne por su cumpleaños ese año, le di una copia de mi novela romántica *Deseo entre las estatuas*, que había escrito mientras ella pintaba y que acababa de publicarse. Nos reímos mucho con el texto, y cuando me pagaron los 500 dólares por el libro, fuimos de compras a Fiorucci y lo gastamos todo. Esta novela romántica trataba sobre una historia de amor con un escultor en Florencia. Décadas más tarde, cuando conocí a un escultor en Florencia, e incluso cuando nos dimos la mano por primera vez bajo la sombra de una antigua torre, supe que estaba experimentando ese raro suceso de cuando la coincidencia y el deseo se encuentran.

También le di a Suzanne una copia mecanografiada del primer poema que escribí sobre ella, con las líneas:

> Somos dos mujeres acurrucadas en la uva de la otra,
> por todo esto entendemos: en algunos lugares
>   africanos
> las mujeres todavía se casan con los árboles. Ella
>   dibuja hombres hambrientos
> disparando flechas a las ramas… Y al amanecer,
>   cuando Suzanne por fin duerme,
> su cuerpo redondo, en forma de oreja en la caleta de
>   su cama,
> viste nombres de niñas africanas: Pez Pequeño,
> Bonito Brazo, Abeja Colgante, Agua Derramada.

Haciendo maletas

Empaqué dos libros. Uno era *Index Book (Libro Índice)* de Andy Warhol de 1967, que él me había regalado. El libro tiene en su interior un avión desplegable, un disco de papel con las palabras «THE CHELSEA GIRLS» («LAS CHICAS CHELSEA») y un retrato de Lou Reed. Y también empaqué una primera edición de los poemas de W.B. Yeats, firmada por el poeta, que me regaló un polaco propietario de una librería de segunda mano en la Third Avenue.

Volé de regreso a México.

Traje mis zapatillas en punta de ballet.

Traje los anillos en mis dedos y la pulsera de hojas de diamantes de imitación que Hal me regaló cuando cumplí veinte años.

Traje para mi jardín la flor de cerámica púrpura robada del cementerio Père-Lachaise.

Traje el cuadro de Suzanne, *En memoria de Joan*.

Desde que se publicó *Queer* en 1985, ahora sabía que William Burroughs había caminado llorando por las calles de la Ciudad de México el día de la muerte de Joan.

Después se dio cuenta de que, como todo estaba vaticinado, había estado de luto por Joan incluso antes de matarla. De *Queer*:

Eran cerca de las tres de la tarde, unos días después de regresar a la Ciudad de México, y decidí afilar el cuchillo. El afilador de cuchillos tenía un silbato y una ruta fija, y mientras caminaba por la calle hacia su carrito, un sentimiento de pérdida y tristeza que me había oprimido todo el día, hasta el punto de que apenas podía respirar, se intensificó tanto que sentí que me corrían lágrimas por la cara.

«¿Qué diablos pasa?», me pregunté.

Jean-Michel Basquiat 1960-1988

Yo estaba en la Ciudad de México cuando murió Jean-Michel. Suzanne me escribió una carta el 19 de agosto de 1988 para decirme que estaba devastada y que había buscado el poema que yo había escrito para ella, ya que quería leerlo en el funeral de Jean-Michel. Decía que fue muy doloroso porque las nuevas personas en su vida a final de cuentas no la conocían. Por eso, decía, buscaba desesperadamente alguna confirmación para encontrarse a sí misma y que mi poema era de lo más reconfortante.

Jean-Michel murió de una sobredosis de heroína. Había intentado desesperadamente parar, pero no pudo. Suzanne escribió que la tristeza permanecería para siempre y me agradeció por honrar siempre su amor por él.

«Eres una de los pocos que se atrevió a entenderlo», escribió.

Nueve años después escribí *La viuda Basquiat*.

Una de las últimas veces que Suzanne vio a Jean-Michel fue en el *loft* de la Great Jones Street que le había alquilado a Andy Warhol. Me contó que él estaba tan delgado que se veía transparente. Tropezaba al caminar y se abanicaba constantemente con las manos. Suzanne me contó que había un cuadro contra la pared en el que Jean-Michel había escrito cuatro veces con una barra de óleo: «MAN DIES» («EL HOMBRE MUERE»). Fue una muerte anunciada. La profecía parecía estar ahí incluso cuando pintó el cementerio en 1980 en su obra *Bird on Money* (*Pájaro en dinero*) en honor a Charlie Parker. En la obra aparecen las palabras «GREEN WOOD» y «PARA MORIR».

Nunca fuimos al cementerio Green-Wood en Brooklyn para poner flores en su tumba, pero años más tarde, en un arranque, visitamos la tumba en línea en findagrave.com, donde encontramos las tumbas de la madre y el hijo.

JEAN-MICHEL BASQUIAT 1960-1988
Sección 176,
Lote 44603

Matilde Andrades Basquiat (1934-2008)
FOSA COMÚN

Y LA TERCERA OPORTUNIDAD DEL DESTINO

Si es cierto que uno tiene tres oportunidades de encontrar el destino, a mí me dieron tres oportunidades para encontrar a Aline.

Aline había dejado de bailar profesionalmente y vivía principalmente en París, pero volvía a México por largos periodos. A mi regreso a México, nos encontramos en Cuernavaca, visitamos a Waldeen y fuimos a la casa de los padres de Aline. La madre de Aline, Ruth, casi siempre estaba presente y le gustaba contar anécdotas de Frida y mencionaba la época en que Walter Pach, un famoso crítico de arte, había venido a México para conocer a Frida. Aunque esto debería haberle gustado, Frida se desatendió de él lo más rápido que pudo y les pidió a Ruth y a sus hermanas que colocaran una manta en la bañera, donde permaneció acostada durante aproximadamente una hora hasta que Pach se fue. Ruth recordó que Frida pidió a las hermanas que le trajeran un whisky y se burló del bigote de Walter Pach. Frida dijo que había muchos tipos de bigotes pero que el de Pach era «insoportable porque era como un chaparrón».

Ruth nos contó que en un momento de su vida se sintió muy deprimida y por eso su padre la llevó a ver a Frida, quien sabía que podía resolver el problema, y la dejó en casa de Frida por muchas horas. Ruth dijo que Frida le contó cosas que eran tabú para las niñas.

Cuando Aline y yo le preguntamos qué eran esas cosas, Ruth respondió: «Bueno, ya sabes, esto y aquello».

Muchas tardes, después del almuerzo, a Aline y a mí nos gustaba recostarnos sobre mantas en la arboleda de magnolias a un lado del jardín y tomar café con el sonido de las abejas entrando y saliendo de las flores gigantes.

Le dije a Aline que siempre extrañaba los lugares en los que no he estado, las personas que nunca conocí, los hombres que no amé, los hijos que no tuve. Extraño el árbol que no me dio sombra, el aroma de una rosa amarilla que no recogí y ser un hombre con armadura y el momento en que este puede descansar en la batalla. La sensación de ausencia es tan grande que extraño a las personas con las que estoy y el agua que bebo.

Le dije a Aline: «Siempre te extrañaré. E incluso esto es tan cierto que te extraño cuando estoy contigo».

Aline Davidoff Misrachi 1957-2017

Volver

En Nueva York nadie creía que yo regresaría a México. Pero volver era todo lo que yo quería.

Regresé al tipo de rebelión en México, que en realidad es anarquía, basada en el conocimiento de que todo está perdido.

De nuevo en México, donde nos sentimos más cerca de los muertos que de los vivos.

Volví para comer pastel de novia, tener dos hijos y un matrimonio breve.

Después de mi boda, mi vestido lo usó Lili para casarse con su primer esposo en México y luego Silvia también lo usó. Lo compartimos como si estuviéramos en un cuento de hadas de los Grimm llamado «Las tres novias y un vestido».

El vestido tiene un desgarre de encaje en el dobladillo debido a que la prenda quedó atrapada debajo de mis tacones altos mientras bailaba.

La prenda también se llenó para siempre del aroma a jacinto de Sung, el perfume de Lili.

Y el vestido blanco está manchado con el lápiz labial rojo Dior 999 de Silvia en el cuello a lo largo de una pequeña tira de encaje.

En la boda de Silvia, que se celebró en su jardín de San Ángel, su madre no se sentó en la mesa de los novios; se sentó al fondo, detrás del alto y antiguo árbol de jacaranda, con todos sus jardineros.

El vestido de novia nunca lavado está en mi armario en una pequeña maleta negra.

Regresé a México y a la promesa de que volverían las luciérnagas a los jardines, a la promesa de ganar la lotería, a la promesa de un milagro, y a donde nunca nadie barre el confeti de la fiesta.

Esta obra se terminó de imprimir
en el mes de julio de 2024,
en los talleres de Diversidad Gráfica S.A. de C.V.
Ciudad de México